# Amor
# Audacioso

# BETH MOORE

Vida

**Vida**

**Editora Vida**
Rua Conde de Sarzedas, 246 – Liberdade
CEP 01512-070 – São Paulo, SP
Tel.: 0 xx 11 2618 7000
Fax: 0 xx 11 2618 7030
www.editoravida.com.br

Editor responsável: Gisele Romão da Cruz Santiago
Tradução: Maria Emília de Oliveira
Revisão de tradução: Andrea Filatro
Revisão de provas: Josemar de Souza Pinto
Diagramação: Claudia Fatel Lino
Capa: Arte Peniel

**1. edição:** nov. 2016

**Dados Internacionais de Catalogação na Publicação (CIP)**
**(Câmara Brasileira do Livro, SP, Brasil)**

Moore, Beth
    Amor audacioso / Beth Moore ; [tradução Maria Emília de Oliveira]. -- São
Paulo : Editora Vida, 2016.

    Título original: *Audacious*.

    1. Amor - Aspectos religiosos 2. Crescimento espiritual 3. Vida cristã -
Escritores batistas I. Título.

16-07191                                   CDD-248.4

**Índices para catálogo sistemático:**
1. Amor : Vida cristã : Cristianismo   248.4

"Fé não é agarrar-se a um santuário, mas uma
peregrinação infinita do coração. Anseio audacioso,
canções ardentes, pensamentos ousados, um impulso que
toma conta do coração, usurpando a mente —
todos são motivação para servir àquele que tange
o nosso coração como um sino."

ABRAHAM JOSHUA HESCHEL e SAMUEL H. DRESNER
em *I Asked for Wonder: A Spiritual Anthology*
[Pedi encantamento: uma antologia espiritual]

# Sumário

# Agradecimentos

Vinte anos de trabalho em uma editora proporcionam a uma autora incontáveis oportunidades de dizer "obrigada". Uma escritora não permanece tanto tempo assim em uma editora porque é infeliz. Ela permanece ali porque, em meio a cartuchos de tinta, *e-mails*, reuniões, comunicação por vídeo, manuscritos, prazos e edições, algo deu certo. Pessoas muito diferentes com formações e ideias muito diferentes por um motivo qualquer caíram na mesma página e foram enviadas para impressão. O processo inteiro nunca perdeu o encantamento para mim. Somente Deus poderia criar o comprimento, a profundidade e a largura do relacionamento ministerial que tive o privilégio de compartilhar com a LifeWay Christian Resources. O fato de todos não estarem fartos de mim até agora por si só é um milagre, portanto vou começar agora a minha lista de agradecimentos a eles.

Meus queridos amigos e colegas da LifeWay, eu vasculharia todos os dicionários que pudesse para encontrar uma nova maneira de agradecer a parceria de vocês em mais uma mensagem. Ai de mim, sobraram-me as mesmas palavras surradas, mas eu as apresento com novo afeto e imenso calor humano: muito obrigada. Faith, Paige, Amy e Becky, vou me lembrar por muito tempo da reunião na qual discutimos este projeto pela primeira vez. No planejamento estratégico do ano seguinte, vocês permitiram que eu incluísse repentinamente este projeto *neste ano* e trabalharam em ritmo aceleradíssimo para aprontá-lo. Isso, minhas amigas, é audacioso. Não há maneira mais adequada de explicar, a não ser dizer que este projeto exigiu audácia em todos os níveis. Obrigada por todas as horas extras e esforço extra. Orei muito para que vocês jamais os considerassem perda de tempo. Acima de tudo, obrigada por terem trabalhado por trás desta mensagem com uma paixão tão genuína. Eu as amarei para sempre.

Jennifer Lyell, adorei cada segundo em que trabalhamos juntas. Em sua função de editora, você é a melhor de todas: nunca exagera, nem para mais nem para menos. Você está no lugar certo. Sou extremamente grata por seu *feedback*, tanto profissional como pessoal. Você trabalhou com firmeza e rapidez.

Keith Moore, nenhum manuscrito que levou vinte anos de trabalho para ser apresentado teria sido concluído sem a sua colaboração. Ser casado com uma pessoa tão excêntrica quanto eu não é tarefa para resignados ou fracos. Obrigada por não ter demonstrado espanto nem dizer que eu estava completamente louca por ter acrescentado este projeto a uma agenda tão lotada. Ter um homem ao lado que diga constantemente "Você vai conseguir, meu amor" é uma dádiva divina de valor inestimável. Eu o amo apaixonadamente. Obrigada por ajudar-me a ser uma pessoa sincera.

Amanda e Melissa, obrigada pela sua companhia, alegria, afeição e paciência constantes. Se vocês não aceitarem o que foi escrito neste livro, ele não terá valor nenhum. Não há ninguém neste mundo mais importante para mim que vocês duas. Não há ninguém neste mundo que me inspire como vocês. Ambas são manifestações vivas da graça incomensurável de Deus a mim. Adoro ser mãe de vocês.

Curtis, meu genro e pastor, obrigada por orar constantemente por mim, por me encorajar e demonstrar interesse contínuo no meu trabalho. Não há palavras para descrever quanto eu o estimo.

Jackson e Annabeth, vocês me encantam o tempo todo e me fazem pensar sempre adiante no ministério que me foi confiado.

Mal posso esperar para ver o que Jesus fará com vocês dois. Eu não trocaria os meus netos por ninguém neste planeta. O meu coração pertence a vocês.

GP, Susan, KMac, Kimberly, Jenn, Nancy, Sherry, Johnnie, Evangeline, Diane e Mary, minhas colaboradoras no Living Proof Ministries e queridas companheiras que só vejo de tempos em tempos: o seu trabalho árduo, os seus esforços contínuos para oferecer amor, as suas orações, encorajamentos e exortações capacitaram-me a escrever, durante vinte anos, livros que de outra forma jamais teriam sido publicados.

Travis, Angela, Christine e Priscilla, vocês não se cansam de me transmitir ânimo. Vocês alargam o meu mundo. Vocês ampliam o meu coração. Vocês me fazem rir. Vocês me fazem acreditar. Vocês me movimentam. Vocês me tornam corajosa.

Jesus, tu iluminas as estrelas, firmas a lua no firmamento e fazes o sol arder em chamas. O teu amor incessante salvou a minha vida, salvou a minha família e restaurou-me o bom senso. A dignidade que possuo, mesmo que seja um fiapo, é uma prova indiscutível da tua misericórdia. Sê o desejo motivador da minha vida. Guarda-me.

# Capítulo 1

# Uma visão que implora por um advérbio

Entrei no avião em Seattle sob um céu espetacular e sem nenhuma nuvem para voltar à minha casa nos arredores de Houston. O monte Rainier estava com um humor agradavelmente arrogante naquele dia, coberto por um manto pesado da neve tardia do inverno, tendo como pano de fundo uma espantosa tonalidade azul. O meu assento no voo ficava na primeira fileira, entre a primeira e a segunda classes, o que significava que eu teria de colocar a bagagem de mão no compartimento acima da minha cabeça em vez de colocá-la embaixo do assento à minha frente. Para ocupar o tempo até conseguir sair do lugar e pegar o meu *laptop*, estiquei o braço para abrir a minha valise e tirei um livro que o meu bom amigo Travis me entregara durante o nosso congresso.

O segundo capítulo do livro ressaltava um conjunto de perguntas simples — muito comuns mesmo — que despertaram a minha curiosidade com uma força tão grande como se eu nunca tivesse lutado com elas. *Eu havia lutado.* A maioria de nós também. Para mim, contudo, havia acontecido muito tempo atrás. As pessoas com mentalidade apaixonada de estudante tendem a ver tudo através da lente da sala de aula. Quando leio um livro, o autor transforma-se em professor, e cada pergunta leva-me de volta à minha classe em Northbrook High, sentindo a ridícula obrigação de responder. A tentativa de reunir as minhas respostas mais sinceras àquelas duas perguntas básicas sacudiu-me o coração a ponto de escancará-lo, atraindo-me para aquelas páginas. Não há nada que me ajude mais a examinar minuciosamente um assunto que um documento em branco no Word e o piscar do cursor.

Naquela noite, poucos dias antes de escrever este livro, debati-me o tempo todo, oscilando entre as sentenças de um livro que já estavam pipocando na minha mente e 1 milhão de razões sensatas para colocar a ideia toda em hibernação. *Não há tempo para isso,* eu dizia o tempo todo. Tirei folga no dia seguinte e passei-o rindo, divertindo-me e lanchando com as minhas duas filhas adultas diante de uma lareira com fogo crepitante na varanda nos fundos da minha casa no bosque. Ninguém é capaz de afastar os meus pensamentos do trabalho como as minhas filhas. A companhia delas é um dia de descanso para mim. A conversa animada com elas é pura inspiração.

Nós três conseguimos resolver os assuntos a uma velocidade incrível e interagimos com um tipo de humor totalmente novo. Quanto mais difícil for a fase que estamos atravessando, mais nos aproximamos umas das outras. Não estou dizendo que gostamos de ser infelizes. Estou dizendo que compartilhamos um compromisso intenso de ordenhar o despropósito de cada *vaca sagrada*, isto é, de afugentar tudo aquilo que provoque uma calamidade e ameace devorar as nossas pastagens. Choramos muito. Rimos muito. Portanto, quando as minhas meninas estão comigo, eu estou com elas. Naquela noite, empurrei para longe aquela onda crescente na minha alma e dei total atenção à minha companhia favorita neste mundo, mas, assim que o carro delas atravessou o portão e se afastou, imediatamente toda aquela ansiedade deu marcha a ré, estacionou em meu peito e, com irritação, pisou fundo no acelerador.

Portanto, hoje estou escrevendo. Talvez eu desista até amanhã, mas hoje estou escrevendo.

Talvez este seja o momento apropriado para dizer que, da mesma forma que qualquer pessoa que você conheça, eu creio que Deus pode usar um livro para marcar uma vida. Não precisa ser um excelente livro. Pode ser apenas oportuno. Deus pode fazer um conjunto de páginas cair nas mãos de alguém em uma ocasião tão propícia a ponto de produzir faísca em uma decisão que marque um destino. Algo dentro daquelas páginas torna-se um catalisador que modela um chamado. Acredito nisso no fundo do meu coração não porque sou autora, mas porque também sou leitora e amo livros. Vários anos atrás, escrevi estas palavras como parte da introdução de um estudo bíblico:

> Nos estágios iniciais da escrita desta série, uma dimensão da minha vida tornou-se tão difícil e durou tanto que senti que não podia mais suportá-la. Quis desistir da pior maneira. No meio da crise, li um livro. Não importa que livro era, porque Deus pode usar qualquer coisa que ele desejar. Gritei no final do livro. Gritei até as lágrimas começarem a descer por cima do meu nariz e cair no meu colo. Gritei até sentir os pulmões quentes a ponto de explodir. O livro falava de ter coragem para viver sob tensão e dor como parte de uma história melhor. Uma história maior. Dizia que não devemos ser fracos e medrosos. Que somente a dor pode causar mudança. E, como escritora, eu não deveria ficar satisfeita em escrever a história de uma vida se não estivesse disposta a viver essa vida. Você deve estar querendo saber o que há de novo em tudo isso. Mas, repetindo, você sabe muito bem. Um assunto não precisa ser novo. Precisa apenas falar à situação difícil que você está atravessando no momento.[1]

---

[1] **James: Mercy Triumphs**. Nashville: LifeWay Christian Resources, 2011. p. 9.

Não precisa ser uma situação difícil, mas quem neste mundo verdejante de Deus não vive uma? Ou, em vez de uma situação difícil, pode ser um desejo que aparentemente você não consegue satisfazer, um tédio que aparentemente não consegue afastar, um propósito que aparentemente não consegue encontrar, ou uma paixão que aparentemente não consegue manter. Você nem mesmo precisa saber que *necessita* de uma coisa para Deus *usar* essa coisa. Você apenas lê, talvez, por causa do bem-estar causado pelas palavras escritas ou em razão de uma intensa alergia ao tédio. Esses foram dois dos meus motivos vários dias atrás no avião quando tirei aquele livro da valise e coloquei-o no colo.

O nome do livro era *21 Great Leaders: Learn Their Lessons, Improve Your Influence* [21 líderes talentosos: aprenda com eles, aperfeiçoe sua influência], escrito por Pat Williams, uma palestrante motivacional e vice-presidente sênior da NBA do Orlando Magic. Depois de ler algumas páginas, não havia mais ninguém por perto, a não ser eu, Deus e um bom livro — e toda conversa ao redor resumiu-se a um "túnel" com ruído ao fundo. Eu já havia sublinhado várias sentenças e rabiscado anotações em algumas margens quando cheguei ao meio da página 35 e fiz uma pausa para duas perguntas:

*Qual é o seu sonho?*
*Qual é a sua visão para o futuro?*

O breve parágrafo terminava com este desafio de Williams ao leitor: *Escreva a sua visão. Pendure-a na parede. Leia-a todos os dias.*

Em várias décadas, não me lembro de uma época na qual essas duas perguntas foram mais relevantes para mim. Uma semana antes de ler o livro, eu havia voado com toda a minha querida família para Nashville a fim de festejar e comemorar os vinte anos de ministério de estudo bíblico com um grupo da editora que se tornara parte da minha família. Passamos grande parte dos dois dias juntos, em pequenos e grandes grupos, reconhecendo a espantosa graça e fidelidade de Deus e recordando todas as situações fantásticas que vivenciamos. Em meio ao trabalho incrivelmente árduo, às longas e angustiosas horas e às gravações estressantes no decorrer de duas décadas, havíamos conseguido comer *pizza* no alto do monte das Oliveiras, percorrer a ilha de Patmos de motocicleta, enfiar os pés até a altura do tornozelo no adubo de ovelhas em Belém e comemorar o Purim nas ruas acidentadas da antiga Jerusalém com as filhas vestidas de rainha.

Um grupo pequeno do qual fazíamos parte havia também rebocado uma réplica da arca da aliança por todo o deserto de Utah na tentativa de apresentar uma imagem perfeita dos sacerdotes no deserto, para a estreia de uma série sobre o tabernáculo do Antigo Testamento. Trabalhamos apenas com uma câmera porque quatro dos homens da equipe de filmagem foram recrutados para representar os sacerdotes carregando a arca. Para isso, eles tiveram de usar roupões de tecido felpudo sobre a bermuda e calçar sandálias de dedo em seus pés enormes e peludos a fim de imitar as sandálias antigas. É claro que nenhum deles nunca havia estado em um salão de pedicuro. Um deles era um corredor tão veloz que as poucas unhas dos dedos dos pés que lhe sobraram haviam ficado pretas. Na pomposa e tradicional fala de Emilio no filme *A herança de Mr. Deeds*, a visão horrenda daqueles pés perseguirá os meus sonhos para sempre. Relembramos todas essas histórias enquanto comemorávamos os vinte anos. Essas e outras graças inumeráveis de Deus. Para mim, foi um tempo inédito de recordações.

Nenhum de nós teve a sensação de que a nossa jornada comum havia terminado ou que o propósito de Deus para convergir os nossos passos chegara ao fim. As melhores comemorações ocorrem quando não dizemos adeus e, pela vontade do Senhor, não estávamos dizendo adeus — mas, depois de acenar oficialmente para o passado, poderíamos trabalhar com energia no futuro ou nos entregar à resignação. Parecia um pouco cedo para isso, portanto saímos da comemoração despedindo-nos uns dos outros e olhando para a frente, para os planos que Deus teria para nós. E, então, alguns dias depois, nas páginas daquele livro "intrometido", estavam estas palavras:

*Qual é o seu sonho?*
*Qual é a sua visão para o futuro?*

Essas duas perguntas não me teriam forçado a fazer uma pausa seis meses antes, mas, suspensa nas alturas daquele voo entre o meu passado e o meu futuro, de repente elas voaram em plena liberdade, como um casal de pombos segue de volta para casa. Recostei a cabeça no apoio do banco, olhei para o espaço lá no alto e deixei que as perguntas afundassem como se fossem anzóis pesados no mar. Queria que eles pescassem algo verdadeiro. Algo bem lá no fundo. É bom você começar a pensar no que pescaria no leito daquele oceano porque vou fazer a vocês essas mesmas perguntas antes do final deste livro. Havia anos que eu tinha uma declaração de missão bordada na trama da minha alma e podia dizê-la durante o sono: ver as mulheres conhecendo e amando Jesus Cristo. Não houve vacilo nessa declaração nem sequer por 30 segundos em três décadas. Cada estudo bíblico, cada livro, cada CD e cada DVD nas estantes do nosso ministério e cada *download* do nosso *site* eram um chute em direção a esse objetivo.

Portanto, a pergunta na bandeja prata era esta: Ainda tenho a mesma visão pessoal? Não havia nada de errado com aquilo. Como não gostar de uma longa obediência proverbial na mesma direção? *Se for isso*, eu disse a mim mesma, *vá em frente e admita*.

Folheei, então, o livro até o espaço em branco na parte interior da contracapa para fazer exatamente o que a autora recomendara:

*Escreva a sua visão.* A princípio, não consegui pegar a caneta para escrever naquela página. Fiz pelo menos umas 15 afirmações falsas. Se você for compulsiva, vai me entender. Por exemplo, eu queria ter uma letra mais bonita. Afinal, e se eu quisesse tirar uma foto da frase com o meu celular e transformá-la em descanso de tela? Ou se quisesse mandar imprimir a frase em uma faixa e pendurá-la no lado de fora do prédio do nosso escritório? Eu não queria, mas e se quisesse? Ou, então, se eu emprestasse o livro a uma pessoa e ela olhasse a contracapa e não gostasse da minha grafia? Não me diga que isso não muda o nosso modo de pensar a respeito de uma pessoa. Você gosta dela e a respeita, tem uma opinião sobre ela, e depois a vê assinar o recibo do cartão de crédito no final de um almoço e constata que a grafia dela é a de um psicopata. Não há como voltar atrás.

O segundo problema era mais neurótico ainda. Eu estava preparada para fazer apenas uma tentativa. Por algum motivo inexplicável, achei que tinha de escrever a frase logo na primeira vez. A maneira mais segura seria simplesmente escrever a mesma declaração de missão de acordo com minha visão do momento: *ver as mulheres conhecendo e amando Jesus Cristo.*

No entanto, eu não conseguia fazer isso. Havia visto muitas coisas nas últimas décadas para formular uma frase tão simples assim. Havia viajado a lugares muito distantes, conversado com muitas pessoas e ouvido muitas histórias. Havia passado por muitas coisas. Não era mais inexperiente no assunto, não era ingênua e não me satisfazia mais em deixar a visão como estava.

Queria mais que isso para as mulheres. Queria que elas tivessem vida plena. Queria que descobrissem o que estavam fazendo aqui. Queria que mergulhassem de cabeça em algo que exercesse muito mais influência em seu futuro que em seu passado. Algo tão fascinante que não conseguiriam desistir disso. Algo que não gostariam de perder por nada neste mundo. Algo grande demais para permanecer escondido.

Queria para elas o mesmo que desejava para mim. Algo que exigisse audácia. Depois de meu estômago dar voltas e reviravoltas para eu conseguir organizar as ideias, decidi com grande alívio que eu não precisaria jogar fora a minha declaração original para dar continuidade à visão que tinha para o restante do meu trabalho. Precisaria apenas de um ajuste para melhorá-la. A sentença necessitava de duas palavras: um poderoso pronome e um advérbio revigorante.

Este livro é sobre abrir espaço para esse advérbio e por essa razão estamos tratando primeiro deste aspecto:

*audaciosamente*
*Ver as mulheres conhecendo e amando Jesus Cristo.*

Por dois motivos:

Porque Jesus Cristo é digno dessa audácia. Depois de muitos anos de trabalho nesse assunto, não perdi o interesse, não me acomodei e vim a descobrir que uma vida de fé ardente é exatamente aquilo que se apregoa. De fato, Jesus é maior do que pensei, melhor do que parecia e mais determinado e capaz do que eu acreditava. Em uma experiência humana repleta de desenganos e decepções, descobri até aquele momento que a minha emoção pura por ele não tinha fim.

O segundo motivo é saber por que você está com este livro nas mãos. Porque estou convencida até o último fio de cabelo de que lá, naquele amor audacioso, você encontrará a vida para a qual nasceu.

# CAPÍTULO 2

# E a respeito daquele poderoso pronome

Outra palavra está abrindo caminho lenta e dolorosamente rumo a uma versão mais recente de uma visão de trinta anos. Ela joga tudo para os lados, mas cada pensamento racional na minha mente me convence de que ela é a máquina que bombeia sangue ao coração do evangelho. O poderoso pronome é *todas*.

*todas*
*Ver as mulheres conhecendo e amando*
***audaciosamente** Jesus Cristo.*

Não se trata de uma visão irracional, ilógica e inalcançável. A frase não afirma que muitas pessoas podem, mas que todas *podem*. Jesus veio ao mundo por todos. Entregou sua vida por todos.[1] Nas palavras de 1Timóteo 2.6, Jesus entregou sua vida "como resgate por todos". Tito 2.11 coloca um megafone na boca do evangelho com volume suficiente para ecoar ao mundo inteiro: "Porque a graça de Deus se manifestou salvadora a todos os homens".

*A todas as pessoas.*

---

[1]   2Coríntios 5.14.

Jesus não exerce pressão sobre você, mas a graça salvadora é sua, se você quiser. É sua, se você quiser Jesus.

E este é o ponto principal. Penso que você quer. Talvez você não saiba ainda, mas ele é e possuiu aquilo pelo qual você tanto anseia. Não importa quem você é, onde esteve, em que país mora, qual é sua religião ou como você vive, a vida para a qual você nasceu está envolta em Jesus. É necessário um pouco de audácia para fazer essa afirmação, eu sei. Mas é disso que as páginas deste livro tratam. Amor audacioso. O amor de Jesus por você. O seu amor por ele. É esse amor que faz deslanchar a vida que você tanto almeja. Não estou falando apenas em chegar perto da porta. Estou falando em entrar e chegar à pista de dança. Talvez você não se considere uma dançarina, mas ainda não ouviu a música.

A minha esperança é que este capítulo leve apenas dez rápidos minutos para transmitir estima a uma leitora que talvez esteja resistente a Jesus em sua totalidade. Gostaria de ser franca com você e pedir que se disponha a prestar atenção nas páginas seguintes. Se achar toleráveis as palavras escritas, talvez você considere ler o livro até o fim. Trata-se de uma leitura rápida, portanto você não perderá muito tempo. Se for como eu, não vê a hora de começar a ler outro livro quando chega à metade do livro que está lendo. Espero que, quando você começar a ficar impaciente, já tenha chegado à última página.

Não me importo se você ler o livro só para criticá-lo. Peço apenas que o considere como o mergulho de uma mulher na experiência humana e a capacidade de sentir a vida em sua plenitude, gastando um pouco de tempo vivendo, buscando, estudando, tentando, testando e observando. Se eu estivesse sentada a uma mesa de frente para você, deixaria o meu café esfriar, só para ouvir as mesmas palavras vindas de você. As pessoas acham que a vida não passa de intrigas, mas eu não concordo com elas. E não me importo de pensar assim. Espero que você também não se importe.

A minha esperança é lançar um desafio a você, um desafio que Deus tem usado para manter-me totalmente comprometida e encantada nesse relacionamento com ele durante décadas a fio, e ele não tem usado esse desafio só comigo. Por causa da natureza do meu trabalho, deparei com um longo estudo de caso que teve início em um curso de aeróbica avançado que comecei a ensinar quando tinha 22 anos. Se você acha que não consegue aprender nada com um grupo de mulheres com roupas de ginástica, não viveu na década de 1980. Os exercícios abdominais têm uma forma de revelar o material do qual as mulheres são feitas. Se ela tiver de reclamar, será por volta dos quatro minutos iniciais. Portanto, deixe a boa música tocar alto. É uma bênção.

Ao longo do tempo, as aulas mudaram e, como parecia um pouco estranho dar um curso de ensino bíblico usando roupa de ginástica, troquei os tênis por sapatos de salto alto e coloquei o pé na estrada. Ao seguir esse caminho belo e perigoso, tive o privilégio incrível de conhecer e estudar mais mulheres — e interagir com elas — do que o meu talento para matemática é capaz de contar. Adquiri uma fascinação de longo prazo com aquilo que parece manter a chama acesa no coração de algumas mulheres, enquanto outras de crenças básicas semelhantes lutam sem muita firmeza. Elas recebem parte do calor das chamas aqui e ali, mas logo têm uma recaída, mesmo quando estão realizando boas obras e tentando viver de modo salutar. O destino eterno delas está resolvido, mas talvez elas tenham imaginado que este lado da vida também seria muito diferente. Pensaram que seria motivador e significativo a ponto de durar mais que trinta minutos. Por que não foi assim? A dificuldade é um denominador comum para todas as pessoas, portanto o segredo não está na facilidade, nem nas finanças ou na escolha da carreira profissional. Também não tenho certeza se a diferença é dominada pela saúde.

Vamos pegar o exemplo de Mary Olive, que conheci em um café vários anos atrás, onde me acomodei em uma mesa ao ar livre, sob a luz do sol, para escrever um pouco. Ela se aproximou de mim em uma cadeira de rodas com um cilindro de oxigênio preso atrás do encosto. Já havia passado dos 80 anos, mas seus olhos brilhavam com uma juventude da qual jamais conseguirei esquecer. Depois de trabalhar como missionária na América do Sul durante décadas, Mary Olive foi forçada a voltar aos Estados Unidos por estar com a saúde debilitada. Ali estava ela, presa à cadeira de rodas, dependendo do oxigênio do cilindro para respirar e, enquanto falava, sua alma emitia um facho de luz capaz de derreter uma geleira. Havia nela uma beleza arrebatadora. Se uma garota de 16 anos passasse por mim naquele momento, usando *short* e exibindo pernas perfeitas, e se alguém me perguntasse qual das duas mulheres eu queria ser, eu teria decidido, sem pestanejar, que escolheria a da cadeira de rodas. Saí daquele local uma hora mais tarde completamente fascinada e com uma certeza que jamais senti.

Com base na minha experiência e observação, um pavio aceso pode iluminar as nossas afeições e manter a chama durante o tempo que estivermos dispostas a não apagá-lo. Estou falando sobre a duração total de uma vida, com todas as suas incríveis tensões e reveses, ganhos e perdas. Com todas as incontáveis decepções em relação aos seres humanos e a nós mesmos. A chama daquele único pavio acenderia o coração de qualquer pessoa em qualquer lugar, homem ou mulher, e não se apagaria. Nas páginas deste livro, vamos dar um nome a essa chama: *audácia*.

Se você não gosta dos cristãos, eu entendo. Também não gosto de alguns. Mas peço que não os confunda — nem a mim, nem a outros seres de carne e osso — com Jesus. Jesus pertence a uma classe só dele. Podem me chamar de louca, mas, na minha vida, não encontro nada que me impeça de gostar dele. Quem, entre todos os seres humanos, é incapaz de nos fazer mal, de nos deixar desamparados, de trair a nossa confiança ou de gastar o nosso tempo à toa? Quem nunca nos repele ao ver o nosso verdadeiro eu? Ou se cansa de nós? Quem nunca nos faz uma promessa que não possa cumprir? Quem realiza um milagre em uma situação perdida?

A nossa percepção de Jesus é rabiscada a lápis em uma tela pendurada com firmeza neste ponto de vista: Para nós, Jesus é doador ou tomador? Naturalmente, a única tendência positiva é fugir do tomador e correr para o doador. Não estou dizendo que Jesus nunca tirou nada de mim, porque não é verdade. Tirou de mim a vergonha, as derrotas frequentes, o medo paralisante, a culpa debilitante e o arrependimento crônico. E a inveja também. Tudo isso. E uma tonelada de insegurança. Não é verdade que não precisamos abandonar algumas coisas e fazer alguns sacrifícios quando seguimos Jesus. Precisamos, sim. Mas, conforme dizem, é aí que existe um paradoxo. Deixamos de ser presunçosas e sabotamos a nossa arrogância. Em vez de ficar aborrecidas conosco, nós nos encontramos. Encontramos o nosso "eu" verdadeiro". Encontramos a vida para a qual nascemos. Nunca mais olhamos para o futuro com olhos voltados para o passado. Degolamos a nossa satisfação com a pena lisa e sedosa do autocentrismo. Jesus explicou isso desta maneira em Mateus 10.39:

> "Quem acha a sua vida a perderá, e quem perde a sua vida por minha causa a encontrará".

Aqueles que se dispõem a abandonar a autopreocupação insaciável a fim de identificar-se com Jesus e segui-lo com determinação encontrarão uma vida e um amor com infinitos desdobramentos que eles próprios não conseguiriam descrever, mesmo que tentassem. "E todos nós", diz 2Coríntios 3.18, "que com a face descoberta contemplamos a glória do Senhor, segundo a sua imagem estamos sendo transformados com glória cada vez maior". Outra versão diz: "de glória em glória".[2] Deus, em sua sabedoria, não a exibiu de uma só vez. E exibiu-a com brilhante maestria. Insistiu no mistério. Não temos uma descrição antecipada da vida exata que teremos em troca do abandono do nosso individualismo. Até isso é um presente do doador. Deus escreveu a obra-prima de uma história quando colocou em movimento um processo que exigiria uma jornada de fé, com o propósito de aguçar a nossa curiosidade ao máximo. Com o propósito de que fosse um processo que exigiria a exposição nua e crua da nossa possessão humana mais sagrada, guardada com extremo cuidado: a nossa confiança.

Para algumas pessoas, isso é inaceitável. É a única coisa que elas não estão dispostas a expor totalmente nem nela investir. A última fronteira relacional. Compreendo perfeitamente. Nos anos mais importantes da minha infância, a pessoa em quem eu mais precisava confiar era a última em quem eu poderia confiar. Quando os protetores se transformam em agressores, não há nada mais difícil para nós. Mas creio que, inerente à jornada humana, há uma busca incessante por alguém digno da nossa confiança.

Somos corajosas o suficiente para rejeitar essa ideia, mas, quando a pessoa passa a ser igualmente humana, nós nos retiramos e recuamos — e, com o passar do tempo, a pessoa sonhadora que existe em nós começa a murchar e a perder a esperança. Não estou me referindo a sonhadores ou apreciadores de contos de fadas que se recusam a aceitar a realidade e crescer. Estou falando sobre aquela parte em nós que possui a capacidade que o nosso Criador pôs em cada alma humana de ter uma fé semelhante à de uma criança. Não um comportamento infantil, uma emoção infantil ou uma ingenuidade

---

[2] *ARA.*

e credulidade infantis. Em alguma fase da vida, a pessoa precisa abandonar as fraldas e parar de sugar a vida com canudinho. Jesus estava falando sobre uma *fé* semelhante à de uma criança. Acreditar na presença de alguém — é isso o que ele quer dizer. Que existe algo além do que os nossos olhos conseguem enxergar.

Dentro de cada uma de nós, existe uma sonhadora que deseja acreditar em coisas ridículas, como finais felizes, romances eternos, fantasias e reinos, tesouros enterrados que valem a pena ser procurados e aventuras corajosas dignas de suor e sangue. Temos uma sonhadora dentro de nós que deseja acreditar que o bem vencerá realmente o mal e que, em um dia glorioso, o mais pobre dos pobres será o mais rico dos ricos.[3] Estou falando sobre a sonhadora que acredita que cada vida tem um propósito verdadeiro e que há um plano em ação que pode, poderá e deverá dar certo. A Bíblia confirma, sem sombra de dúvida, cada um desses sonhos com uma realidade correspondente.

O Criador do céu e da terra inseriu bem no fundo da psique humana uma desconfiança inata a respeito da presença dele. Podemos silenciar essa desconfiança, claro, mas é necessária uma boa dose de comprometimento para mantê-la calada. É comum ela sussurrar nos momentos de silêncio quando estamos sozinhas e contorcer-se nos momentos de quietude quando não temos nenhum lugar para ir. O autor de Eclesiastes chama-a de "anseio pela eternidade".[4] Quando temos a coragem de sentar no escuro sem a luz de um celular, sabemos instintivamente que esta vida não pode ser só isso. Sabemos que o nosso corpo físico parece não se adaptar à nossa alma que jamais envelhecerá.

Embora o fim da vida e a morte sejam tão naturais quanto nascer e viver, somos insultadas e ofendidas por elas com a veemência

---

[3] Tiago 2.5.
[4] 3.11. [N. do T.]

de uma criatura destinada a sobrepujá-las. Os animais não resistem à morte como os humanos. Algo em nós insiste em dizer que aparentemente a morte é um erro, como se não fôssemos feitas para morrer. Somos mal ajustadas a ela, mesmo depois de inumeráveis gerações de filhos e filhas que não conseguem, apesar de toda a nossa evolução, encontrar um meio de evitá-la. Jamais acreditamos que ver é crer. Olhamos para o mar imaginando sua profundidade. Olhamos para as estrelas imaginando sua distância a partir de um mundo totalmente diferente.

Se não tivéssemos sido surradas tantas vezes por causa daquela sonhadora dentro de nós, saberíamos, bem no fundo, que Deus está presente, que ele pode ser encontrado e conhecido, e que talvez ele tenha encontrado e conhecido a pessoa para a qual fomos criadas. Talvez não queiramos querer conhecê-lo. Mas queremos. Fomos feitas para isso. Desejamos ardentemente encontrar alguém digno da nossa confiança imperturbável e totalmente desprotegida. Todas nós estamos procurando Jesus. Procuramos por ele em outros rostos, em outras palmas da mão e em outros lugares. Quando realmente o encontramos, encontramos o Doador.[5] Aquela parte de nós que anseia encontrar alguém a quem possamos nos entregar livremente foi criada à imagem dele.

Tudo o que Jesus nos convence a sacrificar em favor dele compensará o que perderíamos se não tivéssemos feito tal sacrifício. Se ele quiser que as nossas mãos estejam livres, é porque tem algo para colocar nelas. Se quiser que os nossos pés estejam livres, é porque tem algum lugar para fincá-los. Se quiser que a nossa boca permaneça fechada, é porque tem novas palavras para colocar nela. Jesus não está tentando nos enganar nem nos iludir. Não está fazendo apostas nem brincando conosco. Ele não dispensa graça com um

---

[5] Romanos 8.32.

conta-gotas. Encharca-nos com ela. Não nos oferece uma existência estéril. Proporciona uma vida repleta de bênção, poder, paixão e propósito. Se alguém disser que Deus é avarento, essa pessoa não conhece a Bíblia.

Há uma cena memorável no evangelho de João na qual Jesus envia seus discípulos à cidade para buscar comida. Ele permanece onde está e encontra-se com uma mulher à beira do poço. Ela andava preocupada havia anos, repetindo o mesmo ciclo relacional, enchendo o mesmo pote vazio da maneira vazia de sempre, procurando a vida que almejava. Não sabemos o nome dela. Assim, é mais fácil dar-lhe o nosso nome. Ela não sabia que o amor audacioso estava fitando-a diretamente no rosto. Jesus disse-lhe três palavras que, segundo creio, ele deseja dizer a cada uma de nós:

"Se você conhecesse [...]".[6]

*Você.* Não alguém que você conhece. Não alguém mais necessitado. Não alguém menos autossuficiente. Não alguém com mais coragem. Não alguém mais religioso.

Assim que conheceu, a mulher deixou o pote, correu para a cidade e disse a todos com quem se encontrou que fossem lá e vissem. Porque, assim que você conhece, quer que todos também conheçam.

"Se você conhecesse o dom de Deus e quem está pedindo água, você lhe teria pedido [...]".[7]

Foi o que Jesus disse. Se você conhecesse o que ele tem para você... Não apenas depois que você se despedir desta vida, mas aqui

---

[6] João 4.10a.
[7] João 4.10b.

na terra e neste momento. Se você conhecesse..., seu coração seria invadido por uma onda de amor tão audacioso que não haveria nada que a impedisse de viver a vida para a qual você nasceu.

Esqueça essa história de que você não é do tipo que atrai a atenção de Jesus. Fiz uma pequena pesquisa no Novo Testamento, da primeira até a última página, e preparei uma lista de todas as mulheres mencionadas no registro sagrado que foram pessoalmente impactadas por Jesus. A idade delas varia desde meninas até mulheres com mais de 80 anos. Algumas eram solteiras; outras, casadas, viúvas e divorciadas. Algumas eram pobres; outras, ricas. Algumas lutavam com problemas financeiros, ao passo que outras tinham condições de sustentar Jesus e seus discípulos durante as viagens.[8] Algumas mulheres marcadas por Jesus eram mães; outras, não. Algumas trabalhavam no ministério; outras eram comerciantes. Algumas eram do tipo religioso. Outras, não. Eram semelhantes a nós.

Em Atos 16, uma comerciante muito bem-sucedida é mencionada pouco antes de uma moça escrava usada para ganhar dinheiro para seus senhores.[9] Nas páginas das Escrituras, você encontrará vários tipos de mulheres que se viram frente a frente com Jesus: devastadas, sangrando, atarefadas, sofrendo, enfermas, morrendo, duvidando, prosperando, adúlteras, ambiciosas, sábias, desprezadas, possuídas pelo demônio e gravemente oprimidas. Portanto, se você está respirando, é do tipo que atrai a atenção de Cristo. Se Maria Madalena não conseguiu fugir dele com sete demônios, você também não conseguirá.

Ele veio para procurar você. E em algum lugar, bem no fundo do seu coração, há uma menina à procura dele.

---

[8]  Lucas 8.3.
[9]  Atos 16.14-16.

# CAPÍTULO 3

# *Você me ama?*

Você está em um restaurante sentada a uma mesa com um grupo de colegas de trabalho. Todos pediram o mesmo prato. É o prato especial do dia: peixe assado na brasa — fresco, não congelado — e pão tão quente tirado do forno que solta fumaça quando você o parte ao meio. Você não fazia ideia da fome que sentia até o prato ser colocado à sua frente. Você trabalhou a noite inteira. Sabia que não ia dormir. Muita ansiedade. As duas últimas semanas foram tremendamente estressantes. Os altos e baixos foram terríveis, como um monitor cardíaco subindo e descendo, batendo freneticamente em um sistema sobrecarregado. Os momentos altos que pareciam ser duradouros caíram de repente, tornando-se tão escuros e profundos que não conseguiram encontrar o chão. Como se toda essa tragédia não bastasse, você cometeu uma série de erros graves e trocas de nomes, e todos à mesa sabiam disso. Ninguém comentou. Os seus colegas sabiam que, se os erros não fossem seus, seriam deles.

De repente, você chega a uma conclusão, e ela é tão forte que sua espinha parece ter sido chicoteada por um gigante com uma corda na mão. É claro que você ficou feliz. Bom, mais que feliz. Você ficou em êxtase. Aliviada. Mas continuou perturbada. Depois de saber qual era o lugar inesperado para onde tudo aquilo havia ido, para onde iria dali em diante? Trauma e triunfo entrelaçaram-se dentro de você, lutando pelo mesmo espaço. Os seus nervos ficaram abalados. A sua mente ficou atordoada. O seu coração ficou magoado.

Você precisava daquela refeição.

Daquela pausa.

Daquele grupo de pessoas ao redor daquela mesa. Ninguém entenderia.

Então, ele — o cabeça de tudo, aquele com quem você sempre quis se envolver, o homem mais atraente e poderoso que você conheceu, aquele que você idolatrava e por quem deixaria tudo —, curva-se por cima da mesa na sua direção, fita-a intensamente, chama-a pelo nome inteiro e depois diz estas três palavras:

*"Você me ama?"*

A sua resposta é automática. Você responde rápido. *"Sim, Senhor, eu o amo."*

Ele apoia os cotovelos na mesa, inclina-se um pouco mais e repete o seu nome para que não haja nenhuma dúvida de que se está dirigindo à pessoa certa. Você não entendeu por que ele não a chamou pelo seu apelido. Foi ele quem o deu, portanto seria improvável ter se esquecido. Você gostaria de saber se, depois daquela sua atitude idiota, ele voltará a chamar você daquela forma. Você ergue os olhos com nervosismo, esperando que ele tenha voltado a atenção para a sua colega sentada ao lado, mas não. Você se mexe na cadeira. É nesse momento que ele faz a pergunta pela segunda vez.

*"Você me ama?"*

Você está atarantada, sem saber qual é a intenção dele. Passa o dedo indicador no lábio inferior e olha para os lados. Sente um calor no rosto. Aquele último pedaço de peixe que você comeu ameaça voltar para a garganta. Você engole com força, respira fundo e responde novamente a ele. *"O Senhor sabe que o amo."*

Ele faz uma pausa momentânea, sem desviar o olhar de você. Estende as mãos sobre a mesa, separa totalmente os dedos e curva os ombros um pouco mais para a frente com os olhos semicerrados, as sobrancelhas um pouco baixas, como que olhando através do seu cérebro até a parte posterior da sua cabeça. Então ele diz o seu nome pela terceira vez. Você já teve centenas de conversas com ele no decorrer de três anos, mas nunca o ouviu falar exatamente como agora. Você não sabe descrever o que se passa na mente dele. O tom de sua voz não é nem um pouco acusador, mas alarmantemente intenso. Então, lá vem a pergunta de novo, como se fosse um juiz pronunciando: "Esta é a sua terceira e última chance".

*"Você me ama?"*

Você se sente mal. É o centro das atenções. Seja o que for, é pessoal. A tristeza dá um nó na sua garganta e aperta os seus pulmões. Sua resposta começa assim: "O Senhor sabe todas as coisas". Você não disse essas palavras para lisonjeá-lo. Disse porque é verdade. Nunca conheceu alguém como ele em toda a sua vida. Ele é capaz de ler mentes e testar corações como ninguém neste mundo. Será que ele está vendo algo em você que você mesma não consegue ver? Ele sabe alguma coisa sobre você que você mesma não sabe? Há algo que ele queira para você e que você mesma não quer?

Todo o seu ser implora para que você lhe faça a mesma pergunta que ele insiste em fazer a você. Mas você não faz. Não faz porque sabe a resposta. E sabe que ele sabe a resposta. Sabe até que ele sabia quando você fez o que fez. Aqueles olhos castanhos profundos do outro lado da mesa penetrando a sua alma não estão cravados no seu rosto porque ele é insensível. Estão cravados no seu rosto porque ele é infalível.

Mais tarde você saberá que as perguntas foram feitas para o seu bem, não para a prejudicar. Elas rolarão na tela dos seus pensamentos nas horas mais importantes da sua vida. Incluirão uma palavra no seu vocabulário sem a qual você não poderia escrever nada. Serão como ferro no seu sangue quando você se sentir fraca e como fogo nos seus ossos quando a subida à montanha gelada se tornar íngreme. Um dia você perceberá que aquelas perguntas deram a chance de você dizer aquilo que nasceu para dizer.

Isso, porém, ocorrerá mais tarde.

O momento é agora. Você coloca as mãos no colo e aperta os olhos até quase fechá-los. Depois os abre, levanta o queixo, olha diretamente para ele e fala: *"O Senhor sabe que o amo".*

É doloroso imaginar a cena do lugar em que você se encontra naquela cadeira. É realmente constrangedor. Mas, se Jesus estivesse sentado à sua frente do outro lado daquela mesa, se tivesse amado você e a escolhido antes do início dos tempos e tivesse destinado a você um futuro com impacto permanente, você teria tido o diálogo mais importante da sua vida como mulher de fé.

Volte o calendário para milhares de anos atrás e mude a cena do restaurante para uma praia na Galileia. Veja a fumaça subindo de um braseiro e os ossos brancos e limpos do peixe grelhado. Não se preocupe em olhar muito tempo para algumas sobras de pão. As únicas migalhas tinham provavelmente a aparência da barba áspera de um pescador. Antes de tudo, encontre Jesus na cena. Ele é o anfitrião e o cozinheiro. Depois observe cuidadosamente os outros homens até encontrar um com o cabelo molhado. Ele deve ser aquele que vestiu a capa, se atirou no mar e nadou feito louco nas águas frias do início da primavera.

Um homem havia gritado da praia: "Vocês não pescaram nada, certo?".

Essa é exatamente a pergunta que provoca discussão em um barco lotado de pescadores profissionais. Então o homem, um carpinteiro por tradição familiar, começa a dizer como eles devem realizar seu trabalho. Não perca de vista esse pequeno detalhe porque a conversa que um deles terá com o homem diz respeito a uma ligação inseparável com o trabalho que ele terá de fazer.

> "Lancem a rede do lado direito do barco e vocês encontrarão". Eles a lançaram, e não conseguiam recolher a rede, tal era a quantidade de peixes. (João 21.6)

Há os sabichões que *pensam* que sabem tudo, e há aquele que realmente sabe tudo. A pesca que quase afundou o barco mostrou que eles haviam entrado em contato com aquele que sabia tudo. Esse é o ponto na cena em que um dos pescadores no barco, o mais capacitado para ver a praia porque era jovem e enxergava bem, diz ao que se chamava Simão Pedro: "É o Senhor!".

E Simão Pedro? Ele se levanta e pula para fora do barco. Adoro as palavras usadas nas Escrituras. Ele *lançou-se ao mar*.[1] Daí, o cabelo molhado.

Os outros homens *desembarcam na praia*, conforme lemos, e Jesus os convida para se aproximarem do braseiro onde ele está assando peixe e pão. Esse é o lugar exato que dá origem à nossa cena de abertura. Leia em João 21.15-17:

> Depois de comerem, Jesus perguntou a Simão Pedro: "Simão, filho de João, você me ama mais do que estes?"
>
> Disse ele: "Sim, Senhor, tu sabes que te amo".
>
> Disse Jesus: "Cuide dos meus cordeiros".

---

[1] João 21.7.

Novamente Jesus disse: "Simão, filho de João, você me ama?"

Ele respondeu: "Sim, Senhor, tu sabes que te amo".

Disse Jesus: "Pastoreie as minhas ovelhas".

Pela terceira vez, ele lhe disse: "Simão, filho de João, você me ama?"

Pedro ficou magoado por Jesus lhe ter perguntado pela terceira vez "Você me ama?" e lhe disse: "Senhor, tu sabes todas as coisas e sabes que te amo".

Disse-lhe Jesus: "Cuide de minhas ovelhas".

Ele não indagou "Você crê em mim?". Nem "Você me admira?". Nem "Você tem apreço por mim?". Nem "Você me adora?". Nem "Você me respeita?". Todas essas perguntas ocupam um lugar profundo na vida de fé, mas não são sinônimas daquela que Jesus faz deliberadamente e repetidas vezes a Pedro. A pergunta era: *Você me ama?*

Em cada gota de convicção na minha alma, creio que Jesus colocou você e eu em cada lado destas páginas para fazer a mesma pergunta.

"_____ (imagine ou escreva o seu nome no espaço), *você me ama?*"

E não pense que Jesus deseja nos fazer essa pergunta uma só vez. Penso que ele tem o propósito de curvar o corpo e continuar perguntando, como fez com Pedro, até que a nossa resposta automática mude para procurar, semicerrar os olhos e nos sentir constrangidas. Na segunda pergunta passamos da resposta automática para uma análise mais detalhada. Neste ponto, não estamos apenas tentando descobrir como responder. Estamos tentando descobrir o que ele quer saber. E a pergunta feita pela terceira vez nos põe na defensiva, deixa-nos bravas, frustradas ou tristes, mas, se cooperarmos, ela nos mergulhará em uma ternura curadora na qual a resposta autêntica reside.

Esta é a beleza a respeito do que estamos falando: nenhuma palavra da indagação divina tem o propósito de julgar ou condenar.

Nenhuma letrinha tem o propósito de provocar culpa. Nenhum traço, por menor que seja, tem o propósito de expor erros ou fraqueza. Nenhuma sílaba tem o propósito de nos constranger diante dos nossos semelhantes. Na verdade, a reação mais espantosa que algumas de nós poderíamos ter neste capítulo seria a constatação chocante e surpreendente de que a nossa resposta sincera seria *não*. Se, depois disso, sua resposta for *sim*, não volte atrás nem permita que ninguém a convença disso. Mas, se naquele lugar oculto, algumas de nós percebermos que a nossa resposta mais sincera provavelmente será *não*, devemos respirar fundo e exalar o dióxido de carbono de puro alívio.

Podemos pelo menos ir em frente e nos abrir para a verdadeira questão. Mas, nestas circunstâncias, às vezes continuamos a ir em frente com aquela sensação desgastante na alma de que nos falta alguma coisa, porque, pelo fato de termos assumido que aquilo que sentíamos era amor, ela nos escorrega por entre os dedos como um punhado de areia seca. Sabemos que essa história toda de seguir Jesus não fascina a nossa alma como nos foi prometido, mas certamente não queremos demonstrar a nossa decepção a ninguém. Não seria um sacrilégio ou, pelo menos, algo totalmente superficial? Então, continuamos a andar arrastando os pés, achando que o sacrifício em si é a recompensa. E uma pergunta terrível nos atormenta à noite.

*Isso é tudo o que há?*

Não. Não é. Jesus amarra a indagação divina de três perguntas às palavras de Simão Pedro: "Siga-me!" (João 21.19). Seguir Jesus significa ser movido e atraído pelo amor. Amor audacioso.

Erramos facilmente ao confundir milhares de outras coisas realmente maravilhosas com amor.

*Eu respeito Jesus.*

*Eu tenho grande apreço por Jesus.*

*Eu creio em Jesus.*

*Eu sirvo a Jesus.*

Portanto, é claro que eu amo Jesus. Certo? Esses são verbos exagerados com vital importância nas nossas divagações com Jesus, mas não são equivalentes a amar. Eles permanecem juntos em uma fileira, mas um é mais alto que os demais, portanto os outros podem crescer com sua força. Quando um dos mestres da lei perguntou a Jesus em Marcos 12.28 qual era o mandamento mais importante, Jesus toca no coração quente e pulsante da Lei e destaca esta palavra entre as outras:

> "O mais importante é este [...]: 'Ame o Senhor, o seu Deus, de todo o seu coração, de toda a sua alma, de todo o seu entendimento e de todas as suas forças' ".[2]

Somente o amor se qualifica de fato como amor.

E o amor traz consigo um sentimento. Não em cada segundo de cada minuto, claro, mas existe nele um sentimento bastante frequente para caracterizar o vínculo total. Isso é suficientemente justo? Sabemos disso instintivamente com as experiências que temos nos relacionamentos humanos. Vamos eliminar o hábito de dizer a esmo o verbo *amar* para expressar como nos sentimos a respeito de um filme ou de uma refeição, e limitá-lo a seu verdadeiro significado.

Se eu perguntar de quais amigos você realmente gosta e a quais ama de verdade, você responderia à última pergunta com os nomes daqueles que provocam em vocês os afetos mais sinceros. Se você for mãe e eu pedir que descreva o amor que sente por seus filhos, sua resposta será incompleta sem as referências aos sentimentos e emoções que eles despertam em você. Vamos trocar de lado na mesa e você me faz a pergunta.

---

[2]    Marcos 12.29,30.

Que tal esta: — Beth, você ama o seu marido?

Você se irritaria comigo se eu me alongasse tanto na resposta: — Claro que sim! Eu cozinho para ele todos os dias, passo suas camisas, abasteço o carro dele, sigo atrás dele com o meu e faço tudo o que ele me manda fazer.

Você diria: — Não perguntei se você trabalha muito para o seu marido. Perguntei se o ama. — Na terceira vez que você me perguntasse, eu começaria a ter uma ideia do que você quer saber. Você quer saber se eu começaria a chorar diante do pensamento mais remoto de ter de viver sem ele. Quer saber se o meu coração bate forte quando o vejo esperando por mim sentado a uma mesa para dois em um restaurante italiano. Quer saber se ele e eu ainda dançamos juntos na cozinha enquanto o arroz cozinha no fogão. Você está interessada em saber se, até agora, vivemos presos a uma rotina ou ainda temos um brilho de romantismo. A propósito, a resposta a todas essas perguntas seria *sim*, o que não é nenhum milagre considerando a montanha-russa que é a nossa vida a dois. Mas, como veremos mais adiante, como nos sentimos a respeito de Jesus tem um efeito dramático em como nos sentimos a respeito das outras pessoas. Por ora, mantenha-se firme nessa ideia.

Não nos preocupamos muito em caracterizar o amor acima de tudo pelos sentimentos nos nossos relacionamentos humanos, mas, de alguma forma, quando se trata de Jesus, a definição muda. A diferença é compreensível, claro. Ele não é visível. É fácil concluir no subconsciente que, uma vez que Jesus não pode ser visto, o amor por Jesus provavelmente não pode ser sentido. Com essa ideia em mente, o amor por Jesus refere-se mais a fazer e menos a sentir. Essa ideia não é apenas enganosa; é lamentavelmente insatisfatória. Na verdade, o argumento de Cristo com Simão Pedro no diálogo entre eles em João 21 era que a *missão* que Cristo lhe estava atribuindo

("Cuide de minhas ovelhas") só poderia ser sustentada e cumprida a longo prazo por meio do *amor*.

Não estamos falando em sentir uma hiperemoção e aprender a levitar em histeria espiritual com Jesus. Nesse caso, o propósito no nosso relacionamento com ele não seria maior que o propósito em um casamento. Keith Moore colocou uma aliança no meu dedo há trinta e seis sólidos anos. A minha afeição por ele quase sempre aumenta apaixonadamente, quase sempre em ocasiões sentimentais ou quando chego em casa depois de vários dias de ausência ou ainda quando fazemos as pazes depois de uma briga considerável. Às vezes, a afeição aumenta sem nenhum motivo e me pega de surpresa. Porém, até entre uma e outra temporada de extrema paixão, o meu relacionamento com Keith é intensamente definido por um sentimento. Como eu me *sinto* em relação a ele é diferente de como eu me sinto em relação a qualquer outra pessoa neste planeta. O meu amor por ele, por mais imperfeita que eu seja, é grande demais para permanecer oculto no meu coração. Ele aflora na pele e é demonstrado em ações. Gosto de fazer coisas para ele porque o amo, mas, se ele me perguntasse se eu o amo, seu coração ficaria despedaçado se eu respondesse: "Fiz o jantar para você ontem à noite, certo?". Tente imaginar Cristo perguntando a Pedro se ele o amava e Pedro respondendo: "Eu me lancei ao mar para o Senhor, certo?".

O amor pelo qual Jesus anseia não é apenas devoção. É também emoção.

Não é apenas volição. É também afeição.

Não é apenas disciplina. É também paixão.

Não é apenas rotina. É também romantismo.

E não apenas por causa de Cristo, mas também por nossa causa. O amor é o catalisador. A causa e o efeito santos. Veremos isso juntas nos capítulos a seguir, mas quero dizer algo a você a respeito de você, agora que estamos chegando ao final deste capítulo.

A pessoa que você é quando ama Jesus com todo o seu ser — coração, alma, mente e força — é você de verdade. Real. Brilhante. Admirável. Extasiante. *Nascida para isso*. A pessoa que você nasceu para ser sai da concha de um coração que se quebra e se escancara para amar Cristo audaciosamente. Quando o seu coração, a sua alma, mente e força estiverem envoltos em uma afeição santa e totalmente invasiva, caminhe com passos firmes até o banheiro mais próximo e olhe no espelho acima da pia.

É você.

E o que *essa* mulher *nesse* espelho e *nessa* condição de afeição sem limites mais deseja fazer é muito provavelmente o chamado *dessa* mulher ou o condutor *dessa* direção. Será que *essa* mulher *nesse* espelho deseja ajudar os sem-teto, lecionar para crianças em idade pré-escolar, visitar enfermos acamados, ser professora de estudos bíblicos, alcançar os inalcançáveis, escrever um livro, organizar um álbum, adotar crianças, cursar o seminário, trabalhar com meninas pré-adolescentes, lecionar para crianças desvalidas, esforçar-se em prol do cumprimento da lei, lutar contra o tráfico de seres humanos, terminar aquele livro de culinária, seguir a carreira de atriz, ser professora de faculdade, administrar as finanças de uma organização sem fins lucrativos, dirigir uma empresa, trabalhar no ramo da medicina, ser voluntária em um abrigo para mulheres ou ser âncora de uma rede de notícias?

Quando o sangue correr nas suas veias com o calor de afeição santa pelo Cristo vivo, o que você mais vai querer fazer? Paulo diz que *"o amor de Cristo nos constrange"*.[3] Quando o amor de Cristo invade cada célula do seu corpo, o que você é constrangida a fazer? A pergunta subsequente é crítica. E qual é a sua resposta? É nesse ponto que a coisa pega, que os sonhos se tornam realidade e que os

---

[3]  2Coríntios 5.14.

destinos que desafiam a gravidade são finalmente completados. É isto: O que é necessário fazer? Você responde a estas duas perguntas: *O que você é mais compelida a fazer por amor a Cristo?* e *O que é necessário para fazer isso?* — e depois identifica qual é o primeiro passo naquela direção, e, minha querida, você encontrará o lugar seguinte para colocar o pé no seu caminho divinamente planejado.

Não me diga que você é jovem demais. Não me diga que é velha demais. Não me diga que está assustada demais. Não me diga que está atarefada demais. Comece já. Ninguém pode fazer isso, a não ser você.

# CAPÍTULO 4

# Alcançando algo definitivo

Você e eu precisamos é de uma definição funcional da palavra da qual este livro trata, para que, todas as vezes que a usarmos, tenhamos uma visão clara do que ela significa na prática. Se vamos amar *audaciosamente*, é melhor descobrir como nos reconhecer quando estivermos amando assim. Não há definição melhor do que a apresentada no dicionário inglês *Merriam-Webster*. Temos de dar crédito a quem merece. Afinal, Noah Webster enfrentou todos os tipos de problemas para aprender 26 idiomas com a finalidade de adquirir um entendimento correto da etimologia das palavras e ter a coragem de produzir seu primeiro dicionário em 1828.[1] Um esforço como esse exige comprometimento. Você pode até dizer que ele possuía uma dose extra daquilo que estamos tentando definir. A definição a seguir da nossa palavra-chave encontra-se na última edição da editora dos descendentes do sr. Webster. Acrescente um *mente* ao final da palavra e — *voilà* — ela se transformará no nosso advérbio.

Vamos lá:

---

[1] Para mais informações sobre Noah Webster, acesse: <http://www.merriam-webster.com/info/noah.htm>.

**au-da-ci-o-so** \ *adjetivo*

[Francês medieval *audacieux*, de *audace*, coragem, do latim *audacia*, de *audac-*, *audax*, corajoso, de *audêre*, ousar, de *avidus*, ansioso...]

**1 a:** destemidamente ousado: TEMERÁRIO (um alpinista *audacioso*)
**b:** afoitamente intrépido: PRECIPITADO (um estrategista *audacioso*)
**2:** irreverente quanto à lei, à religião e ao decoro: INSOLENTE
**3:** marcado por originalidade e verve (experimentos *audaciosos*) —
**au-da-ci-o-sa-men-te** advérbio — **au-dá-cia** substantivo[2]

*Audacioso* é uma palavra incrível, você não acha? É uma palavra com um batimento cardíaco aeróbico, se você encontrar um. Uma palavra com um armário repleto de tênis de corrida, sapatilhas de balé, acessórios de alpinistas e botas de trilha. É o tipo de palavra que faz a pessoa sair do lugar e levantar-se de manhã sem bater a mão na campainha do despertador catorze vezes. É uma medida extra de café expresso em seu *cappuccino* sem a versão descafeinada. É o tipo de palavra que pode acompanhar todas as pessoas ao trabalho em qualquer lugar porque tem que ver com perspectiva, não com desempenho. Mas não se engane. É uma perspectiva que afeta profundamente o desempenho. Qualquer coisa que se abriga no nosso cérebro encontra caminho para os nossos ossos.

Para manter a definição funcional da nossa palavra consistente com o caráter e os ensinamentos daquele a quem queremos amar audaciosamente, vamos eliminar a segunda definição e as duas palavras adicionais e continuaremos a ter tudo de que necessitamos para acolhê-la:

---

[2]  MISH, Frederick C. (Ed.). **Merriam-Webster's Collegiate Dictionary**. Springfield, MA: Merriam-Webster, Inc., 2003. p. 80. [Tradução livre.]

**au-da-ci-o-so** \ *adjetivo*

[Francês medieval *audacieux*, de *audace*, coragem, do latim *audacia*, de *audac-*, *audax*, corajoso, de *audêre*, ousar, de *avidus*, ansioso...]

**1 a:** destemidamente ousado: TEMERÁRIO (um alpinista *audacioso*)

**b:** afoitamente intrépido: PRECIPITADO (um estrategista *audacioso*)

**2:** irreverente quanto à lei, à religião e ao decoro: INSOLENTE

**3:** marcado por originalidade e verve (experimentos *audaciosos*) —

**au-da-ci-o-sa-men-te** advérbio — **au-dá-cia** substantivo[3]

Poderíamos ter empurrado e instigado algumas dessas palavras riscadas, transformando-as em aplicações bastante apropriadas, mas, se as restringirmos constantemente, não teremos a clareza necessária para seguir em frente com ímpeto. Queremos que a definição seja clara. Queremos também que seja coerente com as Escrituras, caso contrário o nosso objetivo final será semelhante a um pequeno busca-pé que só alcança arbustos — e nos atirará a uma trajetória completamente diferente do objetivo que Deus planejou com muito cuidado para nós. Uma trajetória mais que contraproducente. Queremos um objetivo que Deus possa respaldar, porque aquilo que ele respalda, ele faz acontecer. Nesse contexto, ele faz acontecer *por nosso intermédio*.

Deus suprirá a força sobrenatural, as portas abertas, as oportunidades, a graça abundante, seu Espírito que habita em nós, os incentivos, as instruções, a revelação e o discernimento, a energia divina, as pessoas, os parceiros ou parceiras, o favor e cada milagre necessário para conseguirmos. Deus derrubará os obstáculos com os pés, afastará os inimigos com os cotovelos e enviará o vento do Espírito sobre nós com o seu sopro. Quando estamos em sintonia com Deus a respeito do mesmo objetivo que ele tem para nós,

---

[3] Ibid.

recebemos tudo aquilo de que necessitamos porque o crédito já foi aprovado. E isso é importantíssimo. É o que chamamos de garantia.

Cada parte do resto da definição de *audacioso* do *Webster* saltará diante de nós antes de deixarmos este livro de lado, mas toda ela se lança com o primeiro sinônimo. Volte a ler o início da definição e você descobrirá de onde se origina a palavra *audacioso*. Está vendo a palavra do francês medieval *audace*? Ela é traduzida por coragem. Na Bíblia, encontramos uma infinidade de exemplos das pessoas *corajosas* abençoadas por Deus e muito mais numerosos do que o espaço deste meu pequeno livro é capaz de comportar. Mas, uma vez que somos mulheres, e algumas de nós poderíamos ser tentadas a pensar que a coragem autorizada por Deus é mais apropriada aos homens, vou citar um punhado de nomes.

Tomemos Miriã como exemplo. Ela era a filha adolescente de pais escravos durante o reinado do faraó que decidiu matar todos os bebês do sexo masculino para diminuir a crescente população de judeus. Se você já ouviu essa história muitas vezes, vá um pouco mais devagar desta vez e tente envolver a sua mente nela. Você é capaz de imaginar o horror e o sofrimento? Quando os pais de Miriã não conseguiram mais esconder o bebê, eles o colocaram em um cesto vedado com piche e o esconderam entre os juncos à margem do rio. Miriã permaneceu a distância e ficou observando com a respiração ofegante se o bebê seria salvo de alguma forma, temendo o tempo todo que ele fosse silenciado com uma espada diante de seus próprios olhos. A filha do faraó assassino desceu ao rio para banhar-se e avistou o bebê chorando. Aquela jovem escrava teve a petulância de quebrar todas as regras do decoro social ao aproximar-se da filha do faraó e oferecer-se para buscar uma hebreia para alimentar o bebê até que ele fosse desmamado. E a princesa aceitou. Isso é o que se chama coragem.

Há, então, Débora, "a mãe em Israel"[4] e profetisa que atuou como juíza para o povo de Israel durante o período de opressão pelos cananeus. Ela convocou um homem chamado Baraque para assumir a liderança militar sobre o exército de Israel e lançou uma campanha agressiva contra as forças cananeias lideradas por um comandante chamado Sísera. Baraque respondeu que só iria à guerra se Débora o acompanhasse; caso contrário, ela teria de encontrar outra pessoa. Débora concordou e foi para a guerra ao lado dele. Quando a tropa inimiga se aproximou do exército de Israel com 900 carros de ferro e um número intimidador de guerreiros, ela disse a Baraque:

"Vá! Este é o dia em que o Senhor entregou Sísera em suas mãos. O Senhor está indo à sua frente!" Então Baraque desceu o monte Tabor, seguido por dez mil homens. Diante do avanço de Baraque, o Senhor derrotou Sísera e todos os seus carros de guerra e o seu exército ao fio da espada, e Sísera desceu do seu carro e fugiu a pé (Juízes 4.14,15).

Há também Abigail, que, com sua rápida reação, surpreendente serenidade e simples conselho, impediu que todos de sua casa fossem mortos.[5] E seria vergonhoso não mencionar Rute, uma jovem viúva da terra de Moabe que se recusou a permitir que Noemi, sua sogra também viúva, retornasse a Belém, sua terra natal, sem ela. Se Rute não conquistou o valoroso coração de um proprietário de terras chamado Boaz usando um pouco de coragem, não sei que outra palavra você usaria. Leia a história inteira no capítulo 3 de Rute. Ela é melhor que os programas noturnos de televisão. A questão é a seguinte: nós, mulheres, podemos esquecer de usar o gênero como desculpa para a nossa falta de audácia santa.

---

4   Juízes 5.7.
5   1Samuel 25.

Vamos, agora, saltar para o Novo Testamento e encontrar algumas ocasiões em que a palavra *coragem* e seus sinônimos se destacam no texto.

> Vendo a *coragem* de Pedro e de João, e percebendo que eram homens comuns e sem instrução, ficaram admirados e reconheceram que eles haviam estado com Jesus. (Atos 4.13)

Viu só? Para ter a vida que almejamos, queremos que as pessoas em torno de nós reconheçam boquiabertas que temos algo mais do que a nossa instrução e o nosso treinamento são capazes de explicar. Isso se aplica a você, mesmo que tenha o título de doutora. A nossa vida foi criada para exceder o que o rumo natural dos eventos poderia explicar. Queremos que as pessoas vejam que aquilo que possuímos só foi recebido porque estamos com Jesus. Deus usou um pormenor naquela cena de Atos 4 a fim de chamar a atenção do povo para Pedro e João: *coragem*. Mas aquela não foi a única vez que a coragem esteve em jogo. Veja esta:

> Depois de orarem, tremeu o lugar em que estavam reunidos; todos ficaram cheios do Espírito Santo e anunciavam *corajosamente* a palavra de Deus (Atos 4.31).

Por favor, olhe fixamente para o fato em si e veja que a questão de todos ficarem cheios do Espírito Santo está ligada diretamente, e sem nenhuma complicação, à coragem daquelas pessoas que receberam o dom de falar a mensagem de Deus. Elas também estavam rodeadas de uma cultura hostil ao evangelho, mas descobriram uma força propulsora mais poderosa que o medo que sentiam. Nós também vamos descobrir essa força. Caso você esteja ficando um pouco preocupada por nos tornarmos ofensivas, rudes e grosseiras, este é um bom momento para eu declarar enfaticamente que a palavra *coragem* como uma qualidade impressa por Deus na vida do cristão não anula a humildade ou o amor ou um volume de voz tolerável. Lembre-se de que o nosso objetivo principal é amarrar cada fragmento desse conceito na nossa afeição por Jesus Cristo e, por meio do crivo dele, a todas as outras pessoas com quem nos relacionamos. Na economia de Cristo, coragem nunca significa frieza. Vamos prosseguir.

> Durante dois anos Paulo morou ali numa casa alugada e recebia todos os que iam vê-lo. Ele anunciava o Reino de Deus e ensinava a respeito do Senhor Jesus Cristo, falando com toda a *coragem* e liberdade. (Atos 28.30,31, *Nova Tradução na Linguagem de Hoje*)

Que tal esse? *Toda a* coragem que, ao mesmo tempo, era bem-vinda. É assim que fomos criadas para viver, falar e servir às pessoas. A coragem diz que não vemos cada pequeno obstáculo como um grande impedimento. Não somos frágeis demais para nos adaptar nem exigentes demais para aceitar. A coragem diz que cada circunstância é uma oportunidade com uma placa de "aluga-se". Cabe a nós saber o que vamos fazer com o imóvel alugado. A coragem extrai o melhor dele.

E outro:

> Tendo, pois, tal esperança, servimo-nos de muita *ousadia* no falar (2Coríntios 3.12, *Almeida Revista e Atualizada*).

Você entendeu a ligação entre esperança e ousadia [coragem] neste último? Se você e eu quisermos viver e amar audaciosamente, temos de deixar de abrir a porta quando a desesperança a esmurrar com sua mão feia. Não há lugar para ela na nossa vida. A desesperança é mentirosa. Quer nos convencer. Não permitimos sua entrada, não lhe damos um sofá para descansar nem refeição para se fartar. Não lhe fornecemos divertimento de maneira alguma. Tudo o que o inimigo da nossa alma deseja é chutar as pernas da audácia debaixo de nós e encher a nossa alma de desesperança. Se somos seguidoras de Cristo, não nos falta esperança nem mesmo quando estamos diante da morte iminente com seu rosto assustador. Veja o que Paulo escreveu quando estava ameaçado de morte na prisão:

> O meu profundo desejo e a minha esperança é de nunca falhar no meu dever, para que, sempre e especialmente agora, eu tenha muita *coragem*. E assim poderei honrar a Cristo com todo o meu ser, tanto na vida como na morte (Filipenses 1.20, *Nova Tradução na Linguagem de Hoje*).

Além de nos chamar para viver corajosamente, Deus quer que morramos corajosamente. Essa audácia santa que estamos procurando nestas páginas pode carregar-nos a vida inteira até o nosso último suspiro. Preste atenção, é necessário um pouco de audácia para morrer convenientemente. Já que vamos morrer de qualquer maneira — se Jesus não voltar antes —, podemos morrer audaciosamente. E, se morrermos audaciosamente, o versículo citado afirma que *honraremos* Cristo com todo o nosso ser. Esse é um incentivo bastante poderoso.

Deseja mais um? Veja este aqui:

> Assim, aproximemo-nos do trono da graça com *toda a confiança*, a fim de recebermos misericórdia e encontrarmos graça que nos ajude no momento da necessidade (Hebreus 4.16).

Se sua caminhada com Cristo é recente, "trono da graça" é o lugar onde Deus está sentado como rei soberano e dono de todas as coisas. O quadro que esse versículo pinta é o de um rei que se faz espantosamente acessível. Noite e dia. Nunca está ausente. Nunca está distraído. Nunca está enviando mensagens de texto enquanto conversamos. Apresentamos o versículo em seu contexto e com sua causa.

> Portanto, visto que temos um grande sumo sacerdote que adentrou os céus, Jesus, o Filho de Deus, apeguemo-nos com toda a firmeza à fé que professamos, pois não temos um sumo sacerdote que não possa compadecer-se das nossas fraquezas, mas sim alguém que, como nós, passou por todo tipo de tentação, porém, sem pecado. Assim, aproximemo-nos do trono da graça com *toda a confiança*, a fim de recebermos misericórdia e encontrarmos graça que nos ajude no momento da necessidade. (Hebreus 4.14-16, grito nosso)

Jesus é capaz de compadecer-se das nossas fraquezas. De cada uma delas. Ele, o Deus em sua forma plena, sujeitou-se a vir ao mundo em carne e osso — sentir fome, sede, cansaço, rejeição, traição, dor, zombaria, sofrimento inimaginável e, por último, passar pela morte — para ser provado da maneira que nós somos provadas. Esses são os motivos entre muitos outros para explicar por que é difícil demais não gostar dele.

Graças ao propósito eterno de Deus que foi completamente realizado em Jesus,[6] somos autorizadas, conclamadas, exortadas e requisitadas a nos aproximar com absoluta coragem do seu trono.

Confiantemente. *Audaciosamente.* Acreditando no que ele diz. Aceitando o que ele tem feito. Aceitando quem somos. Sabendo o que é necessário fazer. O preço exorbitante que ele pagou para termos acesso a Deus faz tudo valer a pena.

---

6  Efésios 3.11,12.

Se pensarmos que Deus se diverte quando nos vê curvadas de vergonha e prostradas a seus pés, certamente nos afastaremos dele. O fato é que criamos um deus na forma humana, como um ditador selvagem movido pelo ódio que demonstra satisfação diante das nossas feridas e se sente doentiamente poderoso diante das súplicas dos fracos. Jamais amaremos audaciosamente um deus como esse. E, pela graça de Deus, não devemos fazer isso. Esse deus não é o nosso Deus. O Deus da Bíblia não cobiça o poder porque não lhe falta poder. Ele não foi criado por seres humanos para ser demolido. Deus não sente prazer quando estamos na mais completa desgraça.

Estamos começando a traçar um quadro de como a audácia seria se usasse as nossas roupas. Nada de cores pálidas. Nada de cores lívidas. Nada de tons pastéis. A audácia é corajosa.

# CAPÍTULO 5

# *O primeiro passo audacioso*

Talvez algum dos muitos caminhos nos conduzam ao nosso objetivo de seguir Cristo audaciosamente. Vamos usar determinada metodologia que vi, estudei e experimentei, mas, sem dúvida, outras poderiam levar-nos a um lugar com resultado semelhante. O ponto de partida, no entanto, é inegociável. Um amor audacioso que iluminará o nosso coração como uma tocha que recebe o fogo de uma única fonte. Para amar audaciosamente, precisamos — até o último átomo do nosso DNA — acreditar que somos audaciosamente *amadas*. O fogo certamente se espalhará.

Não estou perguntando se você acredita que Jesus a ama. Algumas de nós cantávamos "Jesus me ama" antes de ter a mínima ideia de quem é a pessoa sobre a qual estávamos falando. Não estou criticando isso. Não trocaria por nada aquelas canções nem apreciaria deixar de ouvir as minhas filhas pequenas cantando cada verso a plenos pulmões no banco traseiro da nossa velha perua. Mas neste livro você e eu estamos tentando ultrapassar respostas automáticas. Estou perguntando se você acredita que o nosso advérbio poderia acompanhar a afeição de Jesus por você. Você acredita com confiança e convicção inabaláveis que Jesus a ama *audaciosamente*? Está convencida de que há dentro dele uma paixão ardente por você?

É muito mais fácil acreditar que ele ama outra pessoa dessa maneira, mas, neste momento, o assunto é entre Jesus e você, e mais ninguém. Tudo começa aqui. Se não começar e se você incutir no seu sistema de crenças que é mais apaixonada por Jesus do que ele é por você, a ação passará por cima da paixão e a frustração suplantará a satisfação. Você ficará magoada com ele constantemente e, depois de se aborrecer por algum tempo, se sentirá chamuscada e queimada por superexposição e se afastará.

Não podemos amar Jesus mais do que ele nos ama, porque o amor não é algo que ele faz. É algo que ele *é*.[1] Jesus é incapaz de amar menos porque ele é incapaz de ser menos. A nossa devoção e a nossa emoção em seu grau máximo não são capazes de arranhar a ponta da emoção e da devoção dele. Jesus é sempre o iniciador em cada aspecto do nosso relacionamento com ele. Todas as vezes que você se sentir motivada a buscá-lo, é porque ele está buscando você. Todas as vezes que você tiver algo a dizer a ele, é porque ele está dizendo algo a você. Todas as vezes que você o escolhe, é porque ele já havia escolhido você. A qualquer hora que você se levante de madrugada e entre em seu local preferido para orar, ele já está lá à sua espera. Você nunca terá um único pensamento a respeito de Jesus que o pegue desprevenido e pensando em outra coisa. Você não pode tomar a dianteira e fazer algo antes dele. Não pode sentir mais paixão que Jesus. Observe as palavras da tradução de Eugene Peterson para 1João 4.19 em *A Mensagem*:[2]

> Mas nós podemos desfrutar o amor — amar e ser amados, pois primeiro fomos amados; por isso, agora podemos amar. A verdade é que ele nos amou primeiro.

---

[1] 1João 4.8.
[2] **A Mensagem: Bíblia em linguagem contemporânea. São Paulo: Vida, 2011.**

Os sentimentos de Jesus não são iguais aos seus. Você pode gostar de si mesma em um minuto e odiar-se no minuto seguinte, mas isso acontece porque você não é Jesus. Nem eu. Ele não fica mal-humorado. Não está sujeito a hormônios. Não nos amou por tanto tempo a ponto de tornar-se uma bela pintura, cercada de sensores para controlar a temperatura do ambiente. Vamos deixar de retratar Jesus com a expressão masculina da Mona Lisa. Seu amor é eterno e infinito, flamejante e apaixonado. Audacioso.

Lembra-se da definição no capítulo anterior? Vamos dar uma olhada nela de novo — mas, desta vez, na forma mais simples, eliminando as palavras que riscamos:

*Audacioso:*
*destemidamente ousado, temerário,*
*intrépido,*
*marcado por originalidade e verve.*

O amor de Jesus por você é assim. Sempre foi. Sempre será. No capítulo 2, falamos sobre o pronome *todas* e pusemos em prática um pouco de audácia quando a colocamos antes da palavra *mulheres* na declaração da nossa visão. Poderíamos ter feito o mesmo com a palavra *homens*. As palavras *todos* ou *todas* têm o poder de derrubar muros entre os gêneros, atravessar barreiras em países fechados, evitar sistemas de castas e estruturas sociais, remover estereótipos e preconceitos e afrontar a arrogância e a exclusividade. De acordo com as Escrituras, Cristo entregou sua vida em favor de *todos*, e o convite do evangelho é feito a *todos*.

Porque a graça de Deus se manifestou salvadora a todos os homens. (Tito 2.11)

No entanto, a maravilha da salvação ocorre com *todos* que a recebem. Leia atentamente este trecho de Romanos 1.16 e depois fixe sua atenção nas duas palavras da terceira linha.

Não me envergonho do evangelho, porque é o poder de Deus

para a salvação de

todo aquele

que crê.

*Todo aquele.* A salvação torna o evangelho pessoal. Se você conhece bem o conceito, não leia o texto automaticamente. Esse treino de pensamento tem uma ligação com o nosso conceito que é absolutamente primordial. Daqui a algumas páginas eu lhe mostrarei como. A salvação declara que eu não creio apenas que Jesus veio para todos. Eu creio que ele veio também para mim. Não creio apenas que Jesus entregou sua vida por todos. Creio que ele entregou sua vida por mim. E eu a recebo com todas as suas implicações. Essa personalização à dimensão total da vinda de Cristo traz à tona a vívida realidade de que não somos apenas amadas por ele. Somos audaciosamente amadas por ele.

Corajosamente. Ousadamente. Temerariamente.

Pense nisso e veja se esses advérbios encontram lugar apropriado para pousar.

O Filho de Deus sempre existiu desde a eternidade, com o Pai e o Espírito Santo. A partir dessa união e dessa comunhão gloriosas e indescritíveis, eles puseram em prática um plano para criar seres mortais à sua imagem. Esse plano incluiria um Universo composto por milhões de galáxias e necessitaria do lugar e da inclinação perfeitos de um único planeta no sistema solar que pudesse manter e sustentar a vida.

Pois assim diz o SENHOR,

    que criou os céus, ele é Deus;

que moldou a terra e a fez,

    ele fundou-a;

não a criou para estar vazia,

    mas a formou para ser habitada [...] (Isaías 45.18).

O Deus Eterno conhecia o fim desde o princípio e previu de forma muito clara aquilo que seria como se já existisse. A queda do homem aconteceria no início e, se a Trindade não tivesse cogitado na redenção, a Palavra que falaria aos planetas para entrarem em órbita também salvaria o sopro de Deus. O Pai estaria disposto a soltar dos braços seu Filho e enviá-lo a um corpo celeste redondo chafurdando no pecado? Estariam eles dispostos a fazer tudo o que fosse necessário em favor da salvação? Estariam dispostos a pagar o preço da redenção?

E eles estavam.

Antes de Deus dizer "Haja luz",[3] o plano já estava traçado: "Que haja a cruz". E, nas palavras de Apocalipse 13.8, o Filho tornou-se o "Cordeiro que foi morto desde a criação do mundo". No momento em que "Deus formou o homem do pó da terra e soprou em suas narinas o fôlego de vida",[4] a sorte foi lançada, a cruz foi pré-apresentada, e o corpo do Filho eterno que viria ao mundo foi morto, mas sem permanecer morto.

O relógio que não tinha lugar na eternidade deu seu primeiro tique-taque e apontou para algo estranho e excitante: *um princípio*. Isso é que é originalidade. "E no princípio Deus criou os céus e a terra".[5] Gerações vieram e gerações se foram, patriarcas surgiram e

---

[3] Gênesis 1.3. [N. do T.]

[4] 2.7. [N. do T.]

[5] 1.1. [N. do T.]

um libertador relutante foi enviado. Por meio de milagres, teofanias e vislumbres de glória, Deus se revelou ao homem mortal e prometeu habitar entre seu povo. A Lei foi dada, e o sopro de Deus começou a incitar os homens a escreverem a história. Com o passar do tempo, o povo rebelou-se no deserto, e seu coração tornou-se semelhante a um bezerro de ouro. Vieram as consequências, mas Deus nunca os abandonou. Uns poucos dias transformaram-se em quarenta anos, e os esqueletos dos infiéis embranqueceram sob o sol do deserto. Sob o comando corajoso de Josué, seus filhos e suas filhas atravessaram o rio Jordão e entraram na terra prometida, uma terra de leite e mel. Uma terra onde os gigantes caíram e os ex-perdedores venceram.

Isto é, por uns tempos. Um dia, eles perderam o interesse naquele que lhes deu a vitória e escolheram a emoção da descida escorregadia e enlameada do incomum para o comum até chegar à opressão. Juízes surgiram para conduzir o povo, mas principalmente, ou assim pareceu, o fizeram na direção do pecado. No final, "cada um fazia o que lhe parecia certo".[6] Os juízes foram sucedidos por reis e, entre os reis, por um rei segundo o coração de Deus. Era Davi — o salmista, o pastor, o soldado —, a quem a promessa de Deus foi dada por intermédio do profeta Natã:

> "Quanto a você, sua dinastia e seu reino permanecerão para sempre diante de mim; o seu trono será estabelecido para sempre" (2Samuel 7.16).

Davi morreu, e seus filhos também, e depois os filhos de seus filhos. Um reino dividido afastou-se de Deus e escolheu os ídolos das outras nações. O povo de Deus — tanto do Norte quanto do Sul — foi levado ao cativeiro conforme predisseram seus profetas.

---

[6] Juízes 21.25.

Por meio de um decreto ordenado por Deus, um remanescente retornou a Jerusalém e começou a reconstruí-la, e uma vida menos gloriosa prosseguiu dentro de seus muros. Então chegou o tempo vaticinado pelo profeta Amós:

"Estão chegando os dias",

declara o Senhor, o Soberano,

"em que enviarei fome a toda esta terra;

não fome de comida nem sede de água,

mas fome e sede de ouvir

as palavras do Senhor" (8.11).

E o rolo do Antigo Testamento foi aberto totalmente e parou na margem final. A tinta secou, e a boca de Deus permaneceu em silêncio por quatro séculos. Mas isso somente aos ouvidos da esfera terrestre. Imagine o diálogo divino. Não há registro dele. Tudo é conjectura. Mas insista em descobrir as possibilidades comigo. Tente entender a paciência da Trindade para expor meticulosamente o plano de redenção a uma geração por vez, uma revelação por vez. Um Pai, tão encantado com seu Filho e ansioso por exibi-lo, havia mostrado a gerações um vislumbre após outro, como se dissesse: "Ele é mais ou menos assim". Um pouco parecido com Isaque. Um pouco parecido com José. Um pouco parecido com Moisés. Um pouco parecido com Josué. Um pouco parecido com Davi. Para alguns, como Ezequiel e Daniel, o Senhor deu vislumbres de seu Filho por meio de visões tão assombrosas que os dois se curvaram diante delas.

No entanto, uma nova era surgia no horizonte. Em todos aqueles anos de silêncio divino na terra, a comunhão entre o Pai, o Filho e o Espírito Santo não cessou no céu. Juntos, eles devem ter observado o relógio terrestre embevecidos e com muita atenção.

Os dias transformaram-se em semanas. As semanas transformaram-se em meses. Os meses transformaram-se em anos. Os anos transformaram-se em décadas. As décadas transformaram-se em um século.

Depois dois.

Depois três.

Três correram como o vento para transformar-se em quatro.

Será que os segundos do último ano daquele século final silencioso soaram nos céus como as batidas furiosas e apressadas de um martelo? Esse momento havia sido previsto desde que Deus cobriu Adão e Eva com peles de animais e os expulsou do jardim. Esse momento estava na mente de Deus quando ele chamou um homem cujo nome era Abrão e depois substituiu seu filho, Isaque, no altar por um carneiro. Esse momento foi predito quando Deus prometeu ao rei Davi um reino estabelecido para sempre. Por fim, a *hora marcada* para o momento havia *chegado em sua plenitude*. Então,

> [...] quando chegou a plenitude do tempo, Deus enviou seu Filho, nascido de mulher [...] (Gálatas 4.4).

Imagine a cena: Cristo está lá nos céus em companhia do Pai, cercado de anjos de grandeza incomensurável, e chega a hora de partir. O ápice do plano de redenção começou a ser posto em prática antes do início da fundação do mundo. Qual foi a sensação de ser Deus e concordar em tornar-se homem? Ser o Criador infinito[7] e confinar-se em uma pele humana? "Pois em Cristo habita corporalmente toda a plenitude da divindade".[8] Você não concordaria em assumir a figura de um ser humano adulto igual ao primeiro homem que você formou com as próprias mãos. Você seria o Filho de

---

[7] Colossenses 1.15-17.
[8] Colossenses 2.9.

Deus e plenamente Deus consentindo em tornar-se um embrião microscópico no ventre de uma jovem.

A história toda é incompreensível. De acordo com as Escrituras, até os anjos não conseguiram entender o plano para a salvação da humanidade.[9] E, quando chegou a hora de Cristo partir, houve despedidas? Alguns últimos olhares para trás? Os exércitos celestiais viram quando o Espírito Santo cobriu com sua sombra uma jovem adolescente? Foi naquele exato momento que Cristo desapareceu repentinamente da vista deles?

Imponderavelmente, as palavras de Davi em Salmos 139 quebraram as barreiras da lei natural e ricochetearam do corpo mortal do santo e eterno Filho de Deus:

> Tu criaste o íntimo do meu ser
> e me teceste no ventre de minha mãe.
> Eu te louvo porque me fizeste
>     de modo especial e admirável.
> Tuas obras são maravilhosas!
> Digo isso com convicção.
> Meus ossos não estavam escondidos de ti
>     quando em secreto fui formado
>     e entretecido como nas profundezas da terra.
> Os teus olhos viram o meu embrião;
> todos os dias determinados para mim
>     foram escritos no teu livro
>     antes de qualquer deles existir (v. 13-16).

O Filho de Deus, concebido pelo Espírito Santo, nasceu de uma virgem. Ele se movimentou sozinho no berço pela primeira

---

[9]   1Pedro 1.12.

vez talvez quando tivesse 4 meses de idade. Engatinhou e deu os primeiros passos. Esfolou os joelhos. Aquele que se chamava *a Palavra* aprendeu a falar. Perdeu os dentes de leite e, por uns tempos, deve ter falado como se tivesse a língua presa. Riu e chorou. Sentiu cócegas e soluçou. Ele, que nunca cochilou, dormiu. Ele, que nunca teve fome, comeu. O resto da história está escrito permanentemente nas páginas do Novo Testamento. Jesus se tornou adulto e andou com pés calejados às margens do rio Jordão. Lá, nas águas que ele um dia dividiu para os filhos de Israel passarem, João Batista mergulhou sua cabeça na água.

> Assim que Jesus foi batizado, saiu da água. Naquele momento o céu se abriu, e ele viu o Espírito de Deus descendo como pomba e pousando sobre ele. Então uma voz dos céus disse: "Este é o meu filho amado, de quem me agrado" (Mateus 3.16,17).

Ora, vamos lá. A história vai ficar melhor ainda? Sim. A bem da verdade, ficará. Jesus foi a um casamento e transformou água em vinho. Purificou leprosos, curou enfermos, brincou com as crianças, deu visão aos cegos, abriu os ouvidos dos surdos, endireitou quem tinha o corpo encurvado e deu voz aos mudos. Em pé, na margem do mar da Galileia, ele avistou por entre as ondas um barco lotado de discípulos lutando freneticamente contra o vento em uma escuridão medonha. Ele poderia ter dividido as águas como havia feito antes e abrir um caminho em terra seca, mas dessa vez não chegou a tanto. Pisou nas ondas e andou por cima delas.

Ele deixou os sábios atônitos, chamou os simples, comeu com pecadores, molhou o pão no vinho em companhia de um traidor e deu atenção aos desprezados. Amaldiçoou uma figueira, andou no lombo de um jumentinho, expulsou demônios muitas vezes, e alguns foram enviados aos porcos que se atiraram no precipício.

Alimentou milhares de pessoas com poucos peixes e pães e pregou as Escrituras a multidões.

E fez reviver mortos.

Então, ele cumpriu sua missão mais importante. Transpirando sangue, submeteu-se à vontade do Pai para entregar sua vida e ser pendurado em uma cruz, deixando o peso total do pecado da humanidade cobrir seu corpo de sangue e humilhação. Gritou: "Está consumado!", curvou a cabeça e entregou seu Espírito.

Morto como uma pedra fria.

Três dias depois, ele se levantou e saiu daquele túmulo. Apareceu aos discípulos e a mais ou menos 500 outras pessoas e, após um período de quarenta dias, encarregou seus seguidores de proclamar o evangelho, prometeu enviar o Espírito Santo para dar conforto e poder e subiu ao céu diante dos olhos de todos. Será que eles ficaram felizes por ele ter voltado ao lar?

Amado Deus.

Se isso não for aventura, não sei o que é aventura. Se não for coragem, não posso imaginar o que é coragem. Se não for ousadia, não sou capaz de decifrar. Se não for originalidade e verve, jamais descobrirei o que é.

É audácia. Esta é a parte que liga o ponto diretamente a você. João 3.16,17 explica exatamente por que o Pai enviou seu único Filho amado:

> "Porque Deus tanto amou o mundo que deu o seu Filho Unigênito, para que todo o que nele crer não pereça, mas tenha a vida eterna. Pois Deus enviou o seu Filho ao mundo, não para condenar o mundo, mas para que este fosse salvo por meio dele".

A palavra *mundo* nesses dois versículos não se refere a solo, nascentes, areia e mares. Refere-se a pessoas. Volte comigo ao início

deste capítulo e lembre-se de que a salvação torna pessoal o evangelho. Significa que, se você tiver coragem, ficará diante desse plano
glorioso, o contemplará e dirá: "Porque Deus tanto me amou que
me deu o seu Filho Unigênito".

Ele sabia o seu nome antes da criação. Sabia como seria a sua
vida inteira. Conhecia de cor os filamentos do seu DNA. Designou a
cor dos seus olhos e das suas impressões digitais. Escolheu a geração
na qual você viveria e colocou você em um lugar exato do Planeta
para iniciar seu propósito divino.[10] Encenou um plano de propor-
ções épicas que incluiria você. Seu Filho tornou-se carne para toda
a humanidade, sim. Mas isso inclui você. Ele deu a vida por você.
Ressuscitou dentre os mortos por você. Está sentado à direita de
Deus para interceder por você. Enviou o Espírito Santo prometido
para selar, santificar, emocionar e preencher você.

Jesus procura você todos os dias. Luta bravamente por você
todos os dias. Fita o seu rosto todos os dias e a puxa para perto de si
para que você veja o rosto dele.

Você tem a audácia de aceitar o que ele fez pessoalmente? Tem
a audácia de crer piamente que ele a busca com intrepidez, ousadia
e coragem e com uma paixão tão vermelha quanto o sangue? Que
a temperatura dele em relação a você não diminuiu nem sequer um
grau? Que "Jesus Cristo é o mesmo, ontem, hoje e para sempre"
(Hebreus 13.8)?

Para chegar aonde você e eu queremos chegar, precisamos ser
despudoradas a respeito de como Jesus se sente em relação a nós.
Eu disse *despudoradas*. Você nunca encontrará um sinônimo mais
perfeito para audacioso. Pudor e audácia não podem coexistir. Não
podem ocupar o mesmo espaço. Deus não confunde o nosso pudor
com humildade. As pessoas que cobrem o sangue de Cristo com o

---

10  Atos 17.26,27.

manto do pudor não honram o nome de Jesus. Ele não nos afaga a cabeça e diz: "Minha doce coitadinha". Se insistirmos em esconder todo o nosso pudor depois de tudo o que ele fez, poderemos nos livrar do problema de buscar o amor audacioso de Jesus porque não teremos lugar para colocá-lo. Jamais seremos livres para amar Jesus audaciosamente se a nossa vida for uma grande apologia.

Mas, se estivermos dispostas a abrir mão da nossa tendência ao pudor,

acreditar no que ele tem feito,

receber sua plena redenção

e o perdão de todos os nossos pecados,

e nos considerar exorbitantemente amadas

e bravamente procuradas,

nós, minha amiga, estaremos prestes a correr livres na liberdade escancarada da audácia.

# Capítulo 6

# Despertando alguém que morreu

No dia em que completei 30 anos, fui assistir ao meu próprio funeral. Uma amiga apareceu na minha casa no fim daquela manhã insistindo para que eu entrasse no carro e a acompanhasse a um local não revelado. Aliviada por não ter sido pega de pijama, sem rímel e sem desodorante ou com os meus cabelos volumosos e rebeldes parecendo o ninho de um esquilo maluco, acompanhei-a feliz. Afinal, eu estava esperando uma festa surpresa.

É o que se espera quando alguém vem nos buscar no dia em que completamos 30 anos e o nosso marido nos deixa desconfiadas porque não faz cara de surpresa. Ninguém espera um funeral. Esse pensamento não entra na cabeça de ninguém. No entanto, nesse caso, pareceu entrar na mente cúmplice de mulheres cheias de vida que lotavam um recinto, todas mais ou menos da minha idade e que assistiam às minhas aulas semanais na escola dominical.

Depois de um trajeto de vinte minutos e com menos conversa com a qual eu estava acostumada, a minha amiga rodou pelas ruas de um bairro encantador, parou na entrada de uma casa e desligou o carro. Sorri. Evidentemente tratava-se de uma festa e, com base no número de carros estacionados por perto, não seria uma festa pequena. *Quanta delicadeza*, pensei. Conhecia a manobra.

Abriríamos a porta e todos gritariam: "Surpresa!". E eu fingiria estar *surpresa*.

Abrimos a porta e entramos em uma sala lotada de mulheres, mas nenhuma gritou "Surpresa!". Na verdade, nenhuma olhou para mim. Nenhuma notou minha presença na sala, inclusive a amiga que me havia ido buscar em casa e atravessado metade da cidade comigo. Assim que ela me empurrou para eu sentar em uma cadeira, passou a sofrer de amnésia. Havia música tocada no órgão — semelhante àquelas que somos forçadas a ouvir em funerais domésticos. As mulheres estavam vestidas de preto, sentadas em fileiras de cadeiras cuidadosamente organizadas, todas bem penteadas e usando maquiagem como se fossem senhoras idosas da igreja com visão insuficiente para pintar os lábios com lápis delineador. Nunca vi tanto batom nos dentes frontais superiores e inferiores. Muitas usavam chapéu e luvas e seguravam lenços com as mãos bem fechadas. Outras entregavam lenços de papel às companheiras e batiam nas mãos umas das outras em sinal de solidariedade.

Finalmente, a música diminuiu de intensidade e uma mulher caminhou com ar solene até a tribuna, colocou a Bíblia no lugar apropriado e começou a oficiar o culto com uma expressão tão impassível que poderia ganhar uma fortuna em um jogo de pôquer. Assim que a mulher tomou a palavra, tive certeza de que ela havia provocado aquilo tudo. Era bastante esperta, criativa e autoritária para executar a tarefa. Começou a proferir um discurso fúnebre no qual entrelaçou com toda a maestria cada palavra ou atitude constrangedora que eu havia dito ou assumido diante daquela classe na escola dominical. E mais: fez uso da mímica para imitar os meus muitos trejeitos e gesticulações. Ela estava visivelmente bem treinada. A mulher era uma imitação perfeita da querida finada até mesmo para a querida finada.

Várias mulheres presentes foram chamadas para dizer algumas palavras *in memoriam*. A representação teatral era exagerada.

Cada história tinha um núcleo de verdade misturado com uma boa dose de licença artística. A encenação poderia ter ganhado um prêmio Emmy. A coisa toda era uma espécie de *Saturday Night Live* misturado com escola dominical. No ponto culminante do drama, as pessoas presentes começaram a chorar e a assoar o nariz imitando o som de um grasnido tão alto que, se não fosse inverno, poderia ter chamado a atenção de um bando de gansos canadenses.

Foi perfeito. Ninguém pode colocar os meus presentes dentro de caixas bonitas e fechá-las com um laço de fita. Os meus presentes favoritos são as lembranças. E, amiga, recebi uma montanha de presentes em meu 30º aniversário. Aquelas mulheres exageraram tanto que me entregaram a lista das pessoas presentes ao funeral como se fosse um cartão de felicitações. Você não pode dizer que isso não é amor.

Já me lembrei milhares de vezes daquele dia. O plano daquelas malucas foi tão bem elaborado e engraçado que nunca me esquecerei dele. Foi também surreal. Imagine ser espectadora da encenação do seu ofício fúnebre sem que ninguém saiba que você está presente. É como passar um minuto ou dois nos sapatos pontudos de Ebenezer Scrooge.[1]

No entanto, digamos por um momento que pudéssemos realmente ouvir o discurso do nosso ofício fúnebre. Não fique brava comigo. Vamos pensar juntas nessa ficção por alguns minutos e visualizar um dia, daqui a muitos anos, que será o fim de uma vida longa e boa. Deixe de lado a sensação de tragédia em torno da sua partida deste mundo, a fim de libertar-se para pensar nela sem se sentir deprimida. Imagine que você já chegou aos 90 anos e está pronta para deixar os seus pés doloridos para trás e espera ansiosamente que nasçam novos cabelos... e de repente você dorme e acorda frente a frente com Jesus.

---

[1] Personagem de **Um conto de Natal**, de Charles Dickens. [N. do T.]

Na cena seguinte, você está sentada em um cinema segurando uma tigela de pipoca amanteigada no colo enquanto o seu ofício fúnebre começa a rodar na tela prateada. O seu cantor favorito termina a sua canção favorita, e toda a plateia na tela esquece o decoro e irrompe em aplausos, sem conseguir se conter. É tudo o que eles podem fazer em vez de dar saltos mortais nas fileiras entre as poltronas. Um homem com uma presença particularmente dominadora sobe à tribuna, coloca a Bíblia sobre ela com um impacto dramático e, em seguida, percorre a plateia com o olhar da esquerda para a direita.

Ele pega o programa com a sequência que a sua família preparou cuidadosamente e imprimiu de acordo com um modelo encontrado na internet. É o mesmo programa que o porteiro entregou a cada um dos participantes quando assinaram o livro de presença na chegada. Já que vamos escrever o roteiro dessa cena da maneira que queremos, vamos encher o programa de cores vivas. Pessoalmente, nunca vi um programa fúnebre colorido, mas estamos falando sobre um funeral fantástico. Lembre-se: o seu cantor favorito deixou toda a plateia emocionada. Esse é um funeral 5 estrelas do qual você é a anfitriã.

O homem ilustre na tribuna pega o programa colorido e movimenta-o de modo tão dramático diante da plateia que chega a tocar nas pessoas da primeira fileira. E é desnecessário dizer que o programa tem a sua foto na frente. Não uma foto de quando você tinha 21 anos. Essa prática é sempre um mistério para mim no enterro de alguém que conseguiu sobreviver aos instintos assassinos do planeta Terra e chegou a uma idade bem avançada. Li em algum lugar que uma esponja comum para limpar utensílios de cozinha possui cerca de 12 milhões de bactérias. O fato de vivermos depois de lavar os pratos com ela é um milagre incessante. A chegada à velhice merece um agradecimento sincero e uma bela comemoração. Que Deus nos ajude, mas a fotografia no programa do nosso funeral não precisa ser glamorosa. Esse lugar causa um pouco de desgaste à pessoa, alguns machucados emocionais. Alguns são visíveis.

Dito isso, a fotografia na frente do programa é sua e atual — a sua vida completamente vivida. Você terá um novo corpo, portanto não vai se importar. Pense na justaposição como se fosse o verdadeiro *antes e depois*. O homem na tribuna aponta para a fotografia e diz com dicção perfeita e firme convicção: "Estão vendo esta mulher aqui?".

Todos concordam, balançando a cabeça.

"Ela foi ousadamente intrépida", ele afirma com voz forte, enrolando um pouco a letra *r*.

Vários *améns* ecoam por toda a sala. As pessoas se entreolham e dizem mais ou menos estas palavras: "Com certeza ela foi muito digna" e "Isso é um fato".

Então o oficiante ainda lá na frente diz: "Esta mulher foi intrépida".

Alguém grita: "Sem dúvida!". Vários gritos de *hã-hã* ecoam pela sala.

Depois de uma pausa dramática para causar o efeito desejado, ele acrescenta: "Corajosa!".

A essa altura, todos estão agitados e transpirando.

Agora, ele segura com as duas mãos a sua fotografia de papel fino e esticado diante da plateia e, no tom usado em uma convenção nacional para anunciar o candidato de um partido político à presidência, o homem diz com voz retumbante: "Esta mulher tinha *verve*!". Dessa vez, ele enrolou ainda mais a letra *r*.

A plateia vai à loucura. Levanta os braços com as mãos fechadas. Grita. Aplaude. Assobia. Do fundo, vem o som de um instrumento de percussão. Uma mulher abre sua bolsa de couro legítimo, tira de dentro dela um pandeiro e dirige-se ao corredor. Outra vai rapidamente até a plataforma e tira uma bandeira Rosa de Sarom do mastro e corre com ela como se fosse o vento, espalhando gotículas de água.

Talvez o funeral não tenha sido tão estridente, mas deveria ser. Se aquelas palavras serviram realmente para descrever você, alguém deveria estar aplaudindo. Alguém deveria estar resmungando um *amém*. Algumas moças deveriam inclinar o corpo e sussurrar ao ouvido da pessoa ao lado: "Ela amou e viveu de forma tão audaciosa como nunca vi. Eu gostaria de ser igual a ela".

Quando a sua vida terminar, você não gostaria que alguém dissesse que você foi intrépida e ousada? Que realmente viveu? Que não se assustou demais com a própria sombra para ir ao encalço da sombra de Cristo, mesmo que precisasse ir até Madagascar? Ou atravessar a linha de trem e visitar o lado mais pobre da cidade? No capítulo 4, vimos os sinônimos insolente, irreverente e precipitado na definição da palavra *audacioso* apresentada no *Webster*, para que você saiba que não estamos falando em intrepidez e ousadia inconsequentes. Estamos falando sobre bravura irrestrita, sobre ter condições de enfrentar um desafio e não apresentar desculpas nem preservar o nosso conforto e a nossa proteção como motivos para desistir.

Espero provar a você no restante deste capítulo e nas páginas seguintes que, de acordo com as Escrituras, *amar* audaciosamente é a vitória garantida para *viver* audaciosamente. Se você ama Jesus audaciosamente, não precisa se preocupar se vive ou não vive audaciosamente. Um chama o outro como um mensageiro irresistível. Os seus pés seguirão o seu coração impetuoso. Você chegará ao fim da vida depois de ter vivido uma aventura genuína e eletrizante mesmo que só perceba a intensidade quando Jesus rodar a fita com a lente *zoom* do céu. A coragem origina-se no coração. A palavra deriva do latim *cor*, que significa *coração*. O coração que ama audaciosamente bate no peito de uma garota que vive audaciosamente.

O que todas poderíamos usar neste momento é uma dose grande e volumosa de bravura. Ser mulher em uma cultura que define valioso como sensual é assustador. Recusar-se a competir no jogo do fingimento *on-line* é assustador. Resistir ao turbilhão da autopropaganda na mídia social é assustador. Alguém poderia se esquecer de que estamos aqui. É assustador correr o risco de fracassar ou de parecer tola quando você tentar descobrir *quem* Deus quis que você fosse quando a colocou neste planeta e *o que* ele planejou que você fizesse neste planeta. Uma parte inevitável de descobrir quais são os nossos pontos fortes é descobrir quais são os nossos pontos fracos. Quando você vir alguém pondo em prática todos os seus dons e experiências com extrema competência, saiba que essa pessoa teve sua cota de erros. Ela caiu mais vezes do que saltou.

Mesmo quando caímos firmemente com os dois pés no local exato do nosso chamado, perdemos o equilíbrio mais vezes que esperávamos. A obra de Deus não pode ser manejada com maestria por seres humanos, por mais talentosos que sejamos. Pensamos que entendemos determinada coisa. No dia seguinte não fazemos ideia do que estávamos tentando descobrir. O paradoxo é que necessitamos de Deus para servir a Deus. Na terminologia de Zacarias 4.6, a explicação é esta: " 'Não por força nem por violência, mas pelo meu Espírito', diz o Senhor dos Exércitos". Temos de confiar em alguém que não podemos ver, receber o poder de um Espírito Santo que não podemos sentir e acompanhar alguém a um lugar onde nunca estivemos. É muito mais fácil ter a profundidade de um par de boias cor-de-rosa que dar um mergulho profundo.

O amor, porém, ousa.

Não porque o amor é cego. Às vezes, o amor enxerga muito bem de longe. Você verá com absoluta clareza que está em uma situação complicadíssima, mas vai em frente, segurando a respiração, porque sabe que essa é a vontade de Deus. Amar Jesus audaciosamente não significa não ver a cobra no caminho à sua frente. Significa que você continua a caminhar — com o coração batendo acelerado — mesmo que seja na ponta dos pés. É preciso saber de antemão que o perigo é inerente a todas as aventuras autênticas. Você calça uma bota de cano alto, fecha-a com o zíper, respira fundo e segue em frente. Amar Jesus audaciosamente não significa não saber se a montanha de pedra é alta e íngreme. Significa limpar o sangue do nariz e continuar subindo penosamente uma parede lisa de mármore.

Se você morre de medo de falar em público e Deus a chamar para ser comunicadora ou se ele a colocar diante de uma plateia para contar a sua história, ele não vai escurecer o ambiente para você não sentir medo. Pelo menos, ele nunca fez isso por mim. Ele a chama para falar em público, olho no olho, enquanto você permanece em pé diante da plateia, molhada de suor. E então você faz isso repetidas vezes até começar a perder o medo. Minha amiga Sherry, uma mulher tímida por natureza, vive sob os holofotes há muitos anos, mas descobriu aos 30 e poucos anos, com grande surpresa, que Deus a estava chamando para ensinar doutrinas bíblicas. Diante das pessoas. Outro dia, ela me contou que tinha de usar saia comprida para que ninguém visse seus joelhos batendo um no outro. Esse é o tipo de coisa que você faz quando está presa em um redemoinho de amor audacioso por Jesus. Porque o amor a deixa corajosa. E Jesus faz tudo valer a pena.

Considere o texto de Tiago 1.12, por exemplo. Leia-o com muita atenção, observando a causa e o efeito.

> Feliz é o homem que persevera na provação, porque depois de aprovado receberá a coroa da vida, que Deus prometeu aos que o amam.

O final do versículo não diz que a pessoa perseverou porque foi tremendamente disciplinada, especialmente forte ou impressionantemente talentosa. São três belas virtudes, mas somente uma causa é apresentada no versículo para suportar o tipo de sofrimento que põe à prova um indivíduo fiel o suficiente para ser coroado pelo Rei de toda a criação: a pessoa que amou Deus. O que não faríamos por amor?

Um coração que bate de amor por Deus: é isso o que nos compele a perseverar quando o tempo de provação chega quase a nos matar. É isso o que nos faz procurar ajuda. É isso o que nos mantém no lugar quando queremos desistir. Você verá a mesma conexão em 1Pedro 1.6-8:

> Nisso vocês exultam, ainda que agora, por um pouco de tempo, devam ser entristecidos por todo tipo de provação. Assim acontece para que fique comprovado que a fé que vocês têm, muito mais valiosa do que o ouro que perece, mesmo que refinado pelo fogo, é genuína e resultará em louvor, glória e honra, quando Jesus Cristo for revelado. Mesmo não o tendo visto, vocês o amam; e apesar de não o verem agora, creem nele e exultam com alegria indizível e gloriosa.

Você notou a ligação entre provação e fé genuína nos dois segmentos? Dê uma olhada em Tiago 1.12 e 1Pedro 1.7, e você entenderá. Não temos de provar nada a Deus. Ele é o *kardiognostes*, aquele que conhece os corações.[2] Ele sabe exatamente do que fomos feitas e sabe exatamente quanto investiu em nós. Ele conhece a imensidão dos tesouros que colocou dentro de nós em um lugar que só pode ser encontrado se houver um turbilhão. Deus conhece precisamente os dons que nos deu e até que ponto inimaginável ele nos deu poder por meio de seu Espírito Santo. Ele conhece os detalhes de

---

[2] Atos 1.24; 2589, καρδιογνωστηζ, kardiognōstēs; ger. *kardiognōstou*, s.m. de *kardía* (2588), coração, e *ginōskō* (1097), saber. Aquele que conhece os corações (Atos 1.24; 15.8); ZODHIATES, Spiros. **The Complete Word Study Dictionary:** New Testament. Chattanooga, TN: AMG Publishers, 2000.

como nos capacitou cuidadosamente. Deus não pode ser enganado. Ele não exige nenhuma prova para matar a própria curiosidade. A confusão é humana, não divina. Deus sabe exatamente até que ponto a nossa fé é real ou fingida.

Nós não sabemos. O problema é esse. Nem as pessoas com quem convivemos em casa, no trabalho, na igreja, na sociedade ou nas nossas esferas de influência. Nem os anjos nem os principados demoníacos. Deus nos põe à prova para revelar o nosso verdadeiro eu. Ele nos põe à prova para conhecer a nossa fidelidade a ele diante de um demônio que aposta que somos falsos. Ele nos põe à prova para ver se somos sinceros a uma grande nuvem de testemunhas que nos rodeiam (Hebreus 12.1). Ó céus, ele nos põe à prova para que sejamos sinceros a nós mesmas, em geral as últimas a saber. Deus sabe o que se passa dentro de você. Essa é a pessoa que ele está tentando fazer emergir. Quando ele bate para tirar a sua cobertura, está tentando trazer você à luz.

O amor não estimula apenas a perseverança. Estimula a obediência. Veja este texto em João 14.15:

"Se vocês me amam, obedecerão aos meus mandamentos".

Se você sofreu violência sexual na infância ou foi vítima de extremo mau uso de autoridade como eu, o fato de pensar em obedecer às "ordens" de alguém é capaz de a deixar apavorada. Esse é um dos principais motivos pelos quais é muito importante conhecer Jesus intimamente nas páginas das Escrituras. É lá que vemos seu caráter gravado em concreto. Deus não pode ser ímpio. A verdade não pode contar mentira. A luz não pode escurecer você. A santidade não pode encher você de furos. Tudo o que é ordenado por Deus ordena bênção. A bênção pode vir mais cedo ou pode vir mais tarde, mas virá. O caminho de Deus é o caminho da plenitude, da bondade, da retidão e de colheita feliz e jubilosa. As palavras de Deuteronômio 30.16 medem a pulsação do comandante justo:

> "Pois hoje ordeno a vocês que amem o SENHOR, o seu Deus, andem nos seus caminhos e guardem os seus mandamentos, decretos e ordenanças; então vocês terão vida e aumentarão em número, e o SENHOR, o seu Deus, os abençoará na terra em que vocês estão entrando para dela tomar posse".

Nós, que vivemos deste lado da cruz e da ressurreição de Cristo, vivemos sob a nova aliança, na qual as promessas divinas encontram paralelos principalmente em termos espirituais, que, incidentalmente, ultrapassam em muito qualquer coisa temporal. Jesus prometeu que a nossa vida, não a nossa terra, produziria muito fruto. Prometeu que teríamos não apenas vida, mas vida plena. Prometeu multiplicar os discípulos por toda a terra, para proclamar o evangelho a todas as nações e grupos de pessoas antes de sua volta. E escolheu fazer isso primeiramente por meio de seus seguidores. Aquilo que ele ordena, ele abençoa. É preciso um pouco de audácia para acreditar nisso em uma cultura repleta de céticos, mas você tem a Bíblia inspirada por Deus para a apoiar.

O amor audacioso produz obediência audaciosa. E, mais cedo ou mais tarde, a obediência audaciosa produzirá bênção. Talvez mais cedo *e* mais tarde. Em 1 Timóteo 4.8 temos a promessa de que "a piedade [...] para tudo é proveitosa, porque tem a promessa da vida presente e da futura".

Veja bem, você não pode ter uma vida de obediência e perder uma aventura. Seguir os mandamentos de Cristo não tem que ver apenas com comportamento. A modificação do comportamento não é um fim em si no Novo Testamento. A transformação gira em torno de conhecer a verdade, e a verdade libertará você. Se você seguir os mandamentos de Cristo, seguirá Cristo diretamente para o seu chamado e terá força, coragem e estabilidade ao longo do caminho para administrar esse chamado. Se você cooperar com Cristo e lhe obedecer, observando as palavras de sua boca e seguindo os caminhos de seu coração, descobrirá que a santidade deixa muito espaço para a loucura. Se os apóstolos e os primeiros seguidores de Jesus não viveram loucamente, vou tirar o meu secador da mala, deitar-me em um sofá com os pés para cima e fazer palavras cruzadas.

Quando você entregar o coração à ocupação chocante do amor glorioso de Deus, ele deixará a sua mente estarrecida com a palavra viva de 1Coríntios 2.9:

"Olho nenhum viu,
 ouvido nenhum ouviu,
 mente nenhuma imaginou
o que Deus preparou
 para aqueles que o amam".

Mais ou menos oito anos atrás, as duas avós de Keith faleceram. Ambas tiveram o privilégio de ter uma vida longa, portanto o choro foi amenizado com doces histórias e muitos sorrisos. Reunidos na escada de uma pequena igreja naquele dia, abraçamos os primos que moravam fora e que não víamos havia muitos anos, e agimos como se conhecêssemos alguns parentes que não teríamos reconhecido mesmo que a nossa vida dependesse disso. A conversa girou em torno da nossa surpresa ao ver que os filhos de *fulano e sicrano* haviam crescido tão rápido e que era muito bom saber que *fulano e sicrano* haviam saído do programa de reabilitação de drogas. E as nossas palavras foram sinceras.

Logo em seguida, as portas da frente foram abertas e entramos na igreja. O culto demorou alguns minutos para começar, portanto as pessoas continuaram a andar por entre os bancos. O caixão foi colocado à frente, com metade da tampa aberta. Um grande arranjo de rosas brancas com algumas folhagens foi posto em cima da outra metade. Dizem que as pessoas não são enterradas com sapatos nos pés, mas não jure isso de pés juntos para mim. Penso que grande parte das pessoas aprova isso, mas sou maníaca por sapatos e tenho um par ou dois que eu não me importaria de levar comigo. De qualquer forma, não há probabilidades de que os nossos pés se machuquem.

Assim que entramos no templo, o volume dos cumprimentos na escada diminuiu compreensivamente, dando espaço a uma correta reverência. Dos alto-falantes, vinha o som solene de música instrumental. As pessoas começaram a dizer, em voz baixa, que as flores eram encantadoras e tentavam descobrir quem as havia enviado. Um silêncio pairou sobre o som alto das batidas nas costas e dos ecos dos "Como vai?". De repente — quero dizer, do nada — uma das tias de Keith gritou bem alto, de lá da frente do santuário, de uma forma que não estamos acostumados a ouvir em ambientes fechados: "Esta não é a minha mãe!".

Você nunca deve ter visto dois diretores de uma agência funerária pulando tão rapidamente. Enquanto eles saltavam sobre os bancos um a um, as gravatas borboletas que usavam voaram sobre a cabeça deles. Tenho certeza de que até os cabelos deles ficaram despenteados — se é que me lembro bem. Você pode imaginar a balbúrdia no local. Os parentes correram até a frente, e aqueles que não conseguiram chegar lá esticaram o pescoço, perguntando: "É ela ou não é?".

Foi o melhor funeral ao qual compareci.

Finalmente, foi dado o veredicto. Era a vovó, sim. Se não fosse, acho que os diretores da agência funerária teriam desmaiado e caído dentro do caixão com ela, de sapatos engraxados e tudo. Quem sabe um dia teríamos de desenterrar a verdadeira vovó. Todos voltaram a sentar-se para assistir ao ofício fúnebre naquele dia, animados e com sangue renovado correndo nas veias. Ninguém cochilou nem mesmo durante a leitura de um obituário que citava parentes de terceiro grau.

Imagine que o seu ofício fúnebre vai correr de forma parecida com esse. O seu obituário é lido e aquelas palavras elogiosas de sempre são ditas. Tudo está em perfeita ordem. Até os netos estão bem-comportados. Dois deles adormeceram. O pianista conhece de cor as músicas especiais. Quase ao final de uma hora, a programação do culto chega ao momento da oração de encerramento. Todos os que ainda estão acordados curvam a cabeça. De repente — quero dizer, do nada — uma das suas filhas levanta-se e grita, lá na frente do santuário, de uma forma que não estamos acostumados a ouvir em ambientes fechados: "Esta não é a minha mãe!". Ou talvez você não tenha filhos e seja a sua sobrinha a levantar-se e gritar: "Esta não é a minha tia". Ou talvez alguém que tenha trabalhado para você levanta-se e grita: "Esta não é a minha chefe!". Ou talvez uma aluna do ensino médio com a qual você labutou durante anos grite: "Esta não é a minha professora!".

"Vou contar a vocês quem é esta mulher aqui!", ela diz. "Esta mulher foi valente, corajosa e ousada e teve a audácia de amar as pessoas que não gostavam dela. Ela perdoou a todas e as dignificou de uma forma como nunca vi. Ajudou pessoas totalmente estranhas sem que ninguém soubesse. Ousou perguntar às pessoas como elas eram *realmente*. Arrecadou dinheiro para os órfãos. Organizou e apoiou acampamentos para os alunos do ensino médio em todas as férias de verão e dormiu em um beliche no mesmo quarto sem ar-condicionado com 30 crianças de 12 anos quando poderia estar em casa comendo bolo inglês. A mulher naquele caixão teve a coragem de enfrentar obstáculos que vocês não imaginam. Nos últimos meses, quando estava tão doente a ponto de não conseguir levantar-se da cama, ela pediu a uma pessoa da igreja que fosse à sua casa todas as semanas com uma lista contendo os nomes das pessoas e de seus pedidos de oração, para poder fazer bom uso de seu tempo e orar por elas. E ela orava de uma forma como se Deus estivesse ouvindo. Você não tem ideia do que esta mulher era longe dos seus olhos! Nem mesmo conheço a mulher da qual vocês estão falando hoje. Esta foi a pessoa mais corajosa que conheci."

E aquele será o melhor funeral ao qual as pessoas que lá estavam assistiram.

Quem sabe? Elas poderiam decidir ter um igual.

# A verve da aventura humilde

*V*erve é minha palavra favorita. Não sei onde ela esteve durante toda a minha vida. Não me lembro de ter proferido essa palavra em voz alta ou de digitá-la em uma tela antes de escrever este livro. Gosto até do modo em que temos de colocar os dentes superiores sobre o lábio inferior duas vezes em uma sílaba rápida para pronunciá-la. Tente fazer isso. Talvez seja essa a explicação para eu demorar tanto. Na época do ensino fundamental, a minha arcada dentária era projetada para a frente de forma totalmente inusitada. Caso você pense que estou exagerando, usei vários graus de aparelho dental durante doze longos anos. Ainda uso um retentor noturno. Quem precisa de uma coisa dessa na minha idade? Alguns anos atrás, eu estava sentada em uma cadeira de dentista especial para crianças, com os pés dependurados para fora, quando o meu ortodontista disse que todas as vezes que vê um anúncio no jornal de Houston sobre um evento local no qual estou palestrando, ele aponta para a foto e diz: "Tenho certeza de que essa mulher tem um problema de sobremordida".

O auge do meu problema ocorreu quando eu estava no terceiro ano. Afirmo que ele ocorreu durante os nove meses daquele ano e sob a instrução surpreendentemente inspiradora da sra. Jones, a professora mais mal-humorada na história do ensino público. Se *verve* tivesse sido escolhida como a palavra principal daquele ano, a minha arcada superior seria incapaz de fazer contato suficiente com a arcada inferior nem uma vez sequer, quanto mais duas vezes em uma só sílaba. Se ela aparecesse na prova de ortografia, talvez eu tivesse ficado tão mortificada por não ser capaz de pronunciá-la que me recusaria terminantemente a escrevê-la. Talvez seja por isso que, depois de muitas sessões de terapia em várias fases da vida adulta, eu ainda seja indiscutivelmente esquisita e desligada. E se todos aqueles meus problemas tivessem sido provocados pela incapacidade de pronunciar a letra *v* no terceiro ano? Alguém teria de enviar a conta à sra. Jones pelas horas incontáveis de terapia. Tenho certeza de que ela expulsaria a *verve* de mim.

Portanto, hoje tenho a intenção de trazer essa palavra de volta. Estamos dedicando um tempo para nos fixar na palavra porque ela aparece no topo da terceira definição do *Webster* da palavra audacioso.

**au-da-ci-o-so** \ *adjetivo*
**3:** marcado por originalidade e verve[1]

Para vocês que também tiveram problemas graves de arcada dentária superior projetada para a frente, professoras ranzinzas no terceiro ano ou motivos igualmente válidos para ter a verve represada, veja o que a palavra quer dizer:

**verve** \ *substantivo*
**1** arcaico: habilidade ou talento especial

---

[1]  MISH, Frederick C. (Ed.). **Merriam-Webster's Collegiate Dictionary**. Springfield, MA: Merriam-Webster, Inc., 2003. p. 80.

**2a:** entusiasmo e inspiração que animam a composição ou o desempenho artístico: VIVACIDADE

**b:** ENERGIA, VITALIDADE[2]

*Entusiasmo, vivacidade, energia, vitalidade.* Esses são quatro sinônimos aeróbicos no dicionário de qualquer pessoa. O fato é que é difícil amar audaciosamente sem um pouquinho de animação. Não estou sugerindo que andemos por aí com o porte assustador de uma tigresa, mas a audácia exige certa dose de vivacidade. A boa notícia é que não temos de nos animar com uma linguagem bombástica todos os dias ou gritar "Estou viva!" ao espelho todas as manhãs. Podemos começar convidando Jesus a nos acordar para fazer uma caminhada com ele que se torne uma realidade maior que qualquer coisa que possamos enxergar com olhos humanos ou tocar com mãos humanas.

Para segurar o manto invisível de Jesus e nos preparar firmemente para a caminhada da nossa vida, vamos afrouxar todos os traços da síndrome do amigo imaginário. Você entendeu: pensar que Jesus está presente na maior parte do tempo. Dizer algo a ele e achar que ele ouviu. Sentir-se um pouco tola como se estivesse conversando consigo mesma, mas aproveitando a oportunidade caso a Bíblia esteja dizendo a verdade. Andar até o carro depois do culto na igreja sentindo-se nas alturas e sair do estacionamento querendo saber se a nossa imaginação está funcionando. Todas nós fizemos isso. Todas nós tratamos Jesus como o nosso amigo imaginário e, se ele passar a ser uma ilusão, pelo menos nos sentiremos mais seguras que pesarosas. Na verdade, em meio aos primeiros arroubos de fé, nada é mais natural que assimilar a fórmula de múltiplas finalidades:

*Deus, se estás realmente aqui, então...*

---

2   Ibid.

É um controle de emergência, caso seja uma mentira. Toma conta da metade das nossas emoções, portanto a outra metade não se arriscará a agir de modo tolo. É totalmente natural. Mas você e eu não estamos à procura de algo natural. As sentenças das nossas histórias foram destinadas a serem escritas com o tinteiro do sobrenatural. Queremos que Deus seja capaz de realizar maravilhas no barro com o qual ele nos criou e fazer conosco tudo o que fez com seus seguidores quando esteve aqui na terra. Se vacilarmos, a nossa pequena fé verá poucos resultados e os nossos poucos resultados produzirão fé menor ainda. De acordo com o plano soberano de Deus, a fé é o fertilizante na sementeira onde as maravilhas brotam. Jesus disse isso de duas maneiras:

"Vá! Como você creu, assim acontecerá" (Mateus 8.13).

E no capítulo seguinte:

"Que seja feito segundo a fé que vocês têm!" (Mateus 9.29).

Quando eu tinha 20 e poucos anos, uma das minhas professoras da escola dominical resumiu uma lição com estas palavras: "Se acontecer de não ser verdadeiro, ainda será uma boa maneira de viver". Em outras palavras, Jesus ainda era a melhor aposta. Será que a igreja girava em torno de limitar os riscos como meio de proteção? Se for assim, talvez fosse melhor dormir nos domingos de manhã. A afirmação deixou-me atônita, martelando na minha cabeça, forçando-me a lutar para saber se deveria aceitá-la ou não. Vários anos depois, Deus provocou em mim um apetite feroz por estudar a Bíblia, e todas as apostas foram por água abaixo. Nunca vi algo tão brilhante como a Bíblia. Encontrei aquele cuja respiração quente queimou as palavras nos rolos, e eis que ele me fez perder a respiração. Talvez tenha acontecido a mesma coisa à professora da escola dominical. Espero que sim, porque, em alguma fase da vida, se quisermos realmente fazer isso, precisamos obedecer às palavras do Cristo ressurreto que fazem tremer a terra e rolar as pedras:

"Pare de duvidar e creia" (João 20.27).

Vamos abrir mão de Jesus como o nosso amigo imaginário. Vamos exercitar uma fé ardente alimentada pelos fatos das Escrituras e nos aproximar do Jesus genuíno. Ele não é a resposta imaginária à nossa necessidade de uma muleta. Ele é Deus.

Aquele que é capaz de mudar tudo.

Aquele que é capaz de fazer tudo.

Aquele que está mais perto de nós que os pulmões estão das costelas, que as juntas estão dos ligamentos, que os ossos estão dos músculos, que os músculos estão da pele, que os olhos estão das pálpebras.

Esse é Deus no nosso meio imediato, sempre presente, sempre capaz, sempre ativo e não menos disposto do que sempre esteve.

Deus, que está completamente familiarizado com as raízes de todos os nossos medos e de todos os motivos para todas as lágrimas, mesmo quando não sabemos por que estamos chorando.

Deus, que é capaz de nos dar sabedoria muito além dos nossos anos e das nossas experiências apenas porque lhe pedimos (Tiago 1.5).

Deus, que é capaz de colocar dentro de nós uma energia sobrenatural para saltar obstáculos intransponíveis e usar a nossa voz para mover montanhas daqui para lá.

Deus, que é capaz de nos dotar de dons além de qualquer explicação plausível e realizar obras por nosso intermédio com ramificações que ultrapassarão o tempo.

Este é o Deus capaz de nos fazer sentir aquilo que não sentimos.

Estamos no lugar de descanso desse favor inconcebível do próprio Deus. Que tal se despertássemos para isso e estabelecêssemos com ele o relacionamento animado que ele nos está oferecendo? Que tal se parássemos de sufocar a nossa vida como se fosse um travesseiro sobre o rosto, fazendo tentativas tímidas e inseguras pela milésima vez? Que tal se, ao contrário, atirássemos a cautela ao vento, confiássemos nele e em sua palavra e nos envolvêssemos em uma conexão escancarada, capaz de quebrar correntes e de fazer história?

Então, tudo adquiriria vida.

Porque ele é vida, e o que ele invade, ele impregna. O que ele impregna, ele ativa.

Para que cada uma de nós, indistintamente, aceite o amor e a vida audaciosa, um mito enorme precisa ser eliminado. O mito é que a vida de algumas de nós é muito apática, genérica e insignificante para exigir audácia e parecer-se remotamente com uma aventura. Os seguidores de Cristo têm enfrentado essa mentira e lutado contra ela desde o início do cristianismo,[3] mas a mídia social tem propagado abusivamente uma mentalidade de indexação. O índice de comparação coincide naturalmente com o tamanho da comunidade. A nossa área de comparação é medida de acordo com o nosso alcance de visão, seja frente a frente com outras pessoas, seja por meio de desenhos ou palavras descritivas.

Séculos atrás, o nosso típico alcance de visão era essencialmente limitado a uma comunidade imediata. Os competidores mais prováveis eram, na maioria, vizinhos. À medida que o número de alfabetizados aumentou, o alcance de visão do ser humano também aumentou por meio de livros e jornais. Então, no mundo em evolução, as revistas, propagandas, filmes, programas de televisão e comerciais que invadem a vida cotidiana pavimentaram uma

---

[3] 2Coríntios 10.12.

rodovia interestadual por entre colinas e várzeas da comparação que as gerações anteriores não podiam sequer imaginar. Um clique de um servidor de computadores faz brotar uma variedade de imagens que cruzam oceanos, arquipélagos e segredos em volta da imensa circunferência do planeta Terra.

A mídia social — que, diga-se de passagem, eu adoro e na qual navego todos os dias — apareceu e ofereceu-nos a chance de nos tornar especialistas em empacotar a vácuo todas as nossas imagens com os tipos de pessoas que mais admiramos e que mais queremos imitar. Temos o privilégio diário de "observar" pessoas fazendo o que queremos fazer e aparentemente sendo quem gostaríamos de ser. Pense no preço de longo prazo. A princípio, toda a observação inspira, motiva e dá-nos esperança, mas depois de um tempo, quando sentimos que os nossos passos se estão movendo mais lentamente do que gostaríamos ou parando de repente em becos sem saída, podemos começar a nos sentir derrotadas. Quanto mais empolgante a vida parece, mais imperfeitas nos sentimos. Não importa que as aventuras postadas na mídia social estejam sujeitas ao modo provocativo de apresentar a informação adotada por quem as postou. Estou apenas dizendo que os nossos campos de comparação contêm muito esterco.

Se não estamos evangelizando pessoas nas selvas da África ou trabalhando como missionárias disfarçadas no Oriente Médio ou ainda combatendo a injustiça em escala global, questionamos: *Quem necessita de verve?* Certamente não são as pessoas que tiram cochilos nas tardes de domingo. Estou escrevendo para dizer que peço licença para discordar disso. Não me interprete mal. Se Deus está chamando você para ir a um país do Terceiro Mundo, atualize o seu passaporte e vá! Se ele está chamando você para entregar a sua vida em uma nação com hostilidade assassina em relação a Cristo, tenha coragem e faça isso! Se a mão de Deus está por trás de você na luta contra a injustiça, levante com toda a força os braços e as mãos fechadas! Mas se, por ora, ele a deixar onde você está neste momento, é porque você pode ter uma vida corajosa, ousada e temerária em Jesus Cristo enquanto continua a visitar as pessoas no mesmo endereço antigo. Nenhuma de nós está tentando fugir da fraqueza, perda, sofrimento, traição, rejeição, incerteza, apatia, fracasso, dúvida, agitação e falta de fé aonde as solas dos nossos pés nos levarem. Em trinta anos de viagens e um número incontável de entrevistas informais, nunca conheci uma pessoa que venceu sem enfrentar lutas. A vida de algumas foi mais dolorosamente difícil que a de outras, mas nenhuma de nós se livrará do sofrimento. Sei disso porque, se você está tomando analgésicos suficientes para eliminar toda a sua dor, não está sendo coerente o bastante para ler este capítulo. A maioria de nós conhece pessoas na vizinhança em situação difícílima, pessoas que necessitam de ajuda da pior maneira possível — pessoas que estão em crise, não em Cristo. Se você não conhece pessoas desse tipo, entre no carro e vá procurá-las. Quer você trabalhe em um hotel em uma cidade de 5 mil habitantes, quer gaste 15 mil reais por noite em uma suíte cinco estrelas, vivendo entre os seus problemas e os problemas dos que a rodeiam, a sua vida exige verve e qualifica-se como aventura.

Às vezes, precisamos apenas de uma pequena ajuda para localizar o local na nossa esfera pessoal de atividade com o maior potencial para aventura. Posso dizer a você uma forma infalível de encontrá-lo.

*Leia o seu relatório de despesas com atenção.*

Não estou falando em reais e centavos, embora o desejo ardente por aventura seja conhecido por deixar uma conta bancária quase zerada. Estou falando em despesas pessoais: as coisas pelas quais você precisa pagar na sua vida. Aventura e despesa quase sempre andam de mãos dadas. Olhe para uma e, em geral, você encontrará a outra. Vou apresentar uma linguagem figurada do apóstolo Paulo para ilustrar essa ideia. Somos muito pressionadas para encontrar alguém no Novo Testamento, além do próprio Jesus, que viveu uma aventura maior e, não coincidentemente, ninguém, a não ser Paulo, que orou por mais coragem. Examine cuidadosamente uma lista de suas aventuras contadas por sua escrita inspirada.

> Cinco vezes recebi dos judeus trinta e nove açoites.
> Três vezes fui golpeado com varas pelos romanos.
> Uma vez fui apedrejado por meus inimigos.
> Três vezes sofri naufrágio.
> Passei um dia e uma noite exposto à fúria do mar.
> Em frequentes viagens, enfrentei perigos nos rios,
> perigos de assaltantes,
> perigos dos meus compatriotas,
> perigos dos gentios,
> perigos na cidade,
> perigos no deserto,
> perigos no mar,
> e perigos entre falsos irmãos.
> Trabalhei arduamente;
> muitas vezes fiquei sem dormir, com fome e sede,
> e muitas vezes fiquei sem comida, com frio e sem roupa.
> Sem mencionar outras coisas, enfrento diariamente uma pressão:
> minha preocupação com todas as igrejas.[4]

Imagine por um momento que tivemos a chance de sentar durante uma noite inteira com Paulo diante de uma fogueira em um

---

[4] V. 2Coríntios 11.24-28.

acampamento e lhe suplicamos *por favor, por favor, por favor* que nos contasse suas aventuras mais ousadas. Ele não falaria sobre as pausas em viagem nas quais dormiu nos melhores colchões. Não falaria sobre suas cinco comidas exóticas favoritas, embora eu fique condoída por supor isso. A história de Paulo contada pela boca de sua faca e de seu garfo pode conter considerável promessa. Sem mencionar o que ele comeu com os habitantes da ilha de Malta quando seu navio naufragou.[5] Esse é um episódio da série *Survivor* que talvez vejamos um dia na grande tela do outro lado dos portões de pérolas. Mas, se o apóstolo nos deu o privilégio de contar suas aventuras mais ousadas, ele muito provavelmente reduziria a lista mencionada ou outra semelhante a ela. Em 2Coríntios 11.23 ele se refere a ter sido *exposto à morte repetidas vezes*. Não o deixaríamos ir embora de forma alguma sem contar esses episódios.

E nós ouviríamos, boquiabertas e fascinadas. Mas, em meio a uma liberação razoável de adrenalina, não aproveitaríamos as histórias se não analisássemos o custo envolvido. Aqueles chicotes, paus e pedras machucam. Alguns devem ter causado ferimentos permanentes. Os naufrágios eram assustadores. As águas eram frias. A agulha de sua bússola parecia perfurá-lo em qualquer lugar que o tocasse. Os perigos que ele enfrentou foram verdadeiros e causaram-lhe impacto negativo. Ficar sem dormir durante dias a fio chega quase a levar a pessoa à loucura. E passar fome? Imagine como ficaríamos mal-humoradas no fim da tarde se não tivéssemos almoçado. E a *pressão diária*?[6] Bem, você sabe como é, não?

Quem sabe você também tenha estado à beira da morte muitas vezes. A maioria de nós conhece amigos e pessoas queridas que lutaram contra doenças que quase as levaram à morte numerosas vezes. Talvez você tenha sofrido ferimentos físicos terríveis causados por

---

[5] Atos 28.1-10.
[6] 2Coríntios 11.28.

um acidente ou, Deus me perdoe, por uma surra. Talvez já se tenha quase afogado ou, como Paulo, tenha sido exposta em demasia às intempéries da vida. Ouço continuamente histórias verdadeiras que são mais horripilantes que ficção. Permaneci ao lado de uma jovem senhora no leito de hospital. Ela foi a única sobrevivente de um carro lotado de missionários atingido por um tiroteio no Iraque. Seu amado marido estava naquele carro. Ela sofreu um número assustador de ferimentos, mas as balas foram milagrosamente desviadas dos órgãos e das artérias principais. Talvez você tenha passado por algo igualmente traumático.

Pode ser, no entanto, que você esteja tentando apenas permanecer na superfície da água em um naufrágio familiar. Talvez esteja quase morrendo congelada em um relacionamento frio como gelo. Talvez, nas palavras de Paulo, você tenha enfrentado *perigos dos [seus] compatriotas*. O que poderia ser mais desmoralizante que se sentir insegura e correndo altíssimo risco entre os seus compatriotas? Talvez você seja mãe solteira enfrentando enorme estresse e não se lembra da última noite em que conseguiu dormir. Talvez sofra falta de algo que muitas outras pessoas parecem possuir com pequeno esforço. Boa saúde? Um cônjuge? Um bebê? Um emprego? Uma boa amiga? Uma mente íntegra? Um lugar simples para viver? Ontem, uma mulher me contatou para pedir oração porque seria despejada dentro de vinte e quatro horas e não tinha onde morar.

Muitos dos nossos perigos são extremamente pessoais e fora da visão das outras pessoas. Enfrentamos situações e circunstâncias às quais não temos certeza se sobreviveremos emocionalmente. Somos tratadas com traição e falta de cuidado. Ou somos simplesmente esquecidas. Cuidamos de pessoas enfermas por um tempo maior que imaginamos poder suportar. Somos nós que estamos enfermas, forçadas a depender dos outros e com medo de ser um fardo para eles. Ficamos caladas nas vezes em que gostaríamos de gritar e gritamos nas vezes em que gostaríamos de fugir. Choramos e lamentamos a brevidade da vida e sentimos dores nas articulações e gememos quando a vida se torna insuportavelmente longa. Continuamos no lugar quando queremos ir embora. Permanecemos em um lugar do qual queremos sair. Estamos em um lugar do qual queremos partir. Nunca subestime a verve das aventuras humildes que impressionam somente Jesus. Essas coisas têm um preço alto.

*Custam caro.*

Você precisa saber que Jesus conhece qual é o preço desse período, desse dia, desse momento. Ele conhece o preço pessoal que você está pagando. Tem extrema consideração quando a sua fidelidade a ele custa caro e quando você persevera ou age corretamente só porque o ama. Leia as próximas palavras com muito cuidado. *Jesus sabe também quando somos infiéis e fugimos dele e que essas coisas nos custam muito caro.* Querida leitora, eu já passei por isso. Mas algo milagroso e esplêndido pode acontecer nos espaços secretos daquilo pelo qual pagamos um preço altíssimo. Podemos buscar Jesus nesses momentos. Totalmente. Ativamente. Verbalmente. Podemos conversar com ele como alguém que sabe que ele está presente. Contar a ele o que realmente se passa na nossa mente, quem está nos frustrando além da nossa última gota de paciência, que estamos muito cansadas, que estamos muito bravas ou, pelo amor de Deus, que estamos muito entediadas. Podemos ter comunhão com ele no meio daquele momento que nos custou muito caro. Quando nos sentimos presas ou sufocadas, podemos transformar aquela cela de prisão no Lugar Santíssimo. Podemos gritar, gemer ou permanecer em silêncio de tanto cansaço e pensar nestas palavras coerentes: *Jesus, eu preciso de ti.*

*Estou aqui ao teu dispor. Dize-me o que necessitas. Dize-me o que queres. Dize-me como te sentes. Dize-me como não te sentes.*

Podemos nos tornar alerta à presença de Jesus, despertar e estar cientes da nossa comunhão com ele. E podemos extrair isso dele.

Podemos extrair força genuína dele, poder para triunfar, clareza e entendimento repentinos, consolação e conforto palpáveis. Descanso para a nossa alma cansada. Um sopro de calma na nossa explosão de ansiedade. Energia na nossa letargia. Podemos extrair fé para um futuro que quebre o espelho do nosso passado. Podemos extrair a unção e os meios para resistir à tentação de jogar fora aquilo que, no fundo do coração, sabemos que queremos guardar.

E isso não é tudo. Podemos extrair alegria dele. Alívio. Sorrisos. Podemos comer a esperança às pressas quando o momento é difícil de ser engolido. Podemos tirar baldes de amor do poço sem fundo do amor de Jesus, a fim de termos algo para dar às pessoas que nos esvaziaram. Podemos também extrair algo para nós quando jogamos os nossos encorajadores no pó do chão.

Jesus é a nossa riqueza na aflição. Quando a vida custar caro, aceite o que ele tem a oferecer. Estamos vivendo como indigentes no cofre de um banco. Os recursos estão ali porque ele está ali. E está ouvindo. Converse com ele. Jesus não é um amigo imaginário que oferece uma companhia imaginária e um poder imaginário, que desaparecem no ar quando você retorna à realidade. As obras de Cristo têm efeitos duradouros e aplicações na vida real. Nenhum amigo imaginário teria feito o que Jesus fez por mim. Até na escuridão da noite, quando ninguém está me vendo, não sou a mesma mulher que eu era. Só ele é capaz de reconstruir todo o estrago que decisões equivocadas me causaram. Ele realizou um milagre após o outro em mim e à minha volta. Um grande número de pessoas a quilômetros de distância da nossa casa poderá fazer as mesmas afirmações. Não importo se somos Steven Spielbergs infantis, não temos imaginação suficiente para imaginar essas coisas.

Não precisamos roer as unhas até sangrar para esperar que Jesus esteja presente. Sabemos disso muito bem porque nós *o* conhecemos muito bem. Foi assim que a ansiedade se transformou em aventura na vida do apóstolo Paulo. Ele se identificava com Cristo no vaivém das alegrias e das tristezas com grande segurança, como se Cristo estivesse constantemente visível. "Mas o Senhor permaneceu ao meu lado e me deu forças".[7] Paulo não achava apenas que Jesus era verdadeiro, presente e ativo. Ele tinha certeza disso. Em suas palavras:

> [...] porque sei em quem tenho crido e estou bem certo de que ele é poderoso para guardar o que lhe confiei até aquele dia (2Timóteo 1.12).

*Sei em quem tenho crido.* Algumas aventuras ocorrem somente entre vocês dois. É aí que a fé em pó se solidifica. Lembra-se da terceira definição de *audacioso*? Dê mais uma olhada nela e concentre-se na primeira frase encantadora.

**au-da-ci-o-so** \ *adjetivo*
**3:** marcado por originalidade e verve[8]

Os problemas são comuns a todas nós. Infelizmente, as perdas e as decepções também são. Mas, em todo o conjunto da condição humana, você é maravilhosamente *in*comum. Não revire os olhos nem zombe de mim. Nunca chegaremos a ser tão maduras ou falsas a ponto de, no fundo do coração, não querermos ser pessoas especiais. A sua jornada particular com Jesus, na qual houve perdas, passagens estreitas, noites longas e dias improdutivos, é totalmente marcada por originalidade. Você poderá encontrar

---

[7] 2Timóteo 4.17a.
[8] Mish, Frederick C. (Ed.). **Merriam-Webster's Collegiate Dictionary**. Springfield, MA: Merriam-Webster, Inc., 2003. p. 80.

muitas pessoas que enfrentaram lutas, circunstâncias ou enfermidades idênticas, mas elas não são você. Não possuem o seu DNA. Não possuem o seu ou a sua...

formação escolar,

conta bancária,

história familiar,

personalidade,

mistura de dons,

meio ambiente,

nível de sensibilidade,

experiência de vida

e estilo de aprendizado.

Elas não refletem os pormenores dos seus traços físicos, como sardas, marcas de nascimento e cicatrizes. Não possuem os seus ou as suas...

tendências inerentes,

processos de pensamento,

pontos fortes e pontos fracos,

fobias,

fragilidades,

alergias

e peculiaridades.

Você não é uma mistura de massa cinzenta mortal aos olhos de Deus. Não está convenientemente categorizada para ajudar Deus a ordenar os pensamentos dele. Tenha a audácia de acreditar que essa aventura divina de voltas e reviravoltas é única para vocês dois e marcada por originalidade.

Se o que você necessita é livrar-se de um problema, Jesus a ajudará. Ele é a sua provisão inesgotável na qual você pode se sustentar até receber a ajuda necessária. Nenhuma adversidade ou provação, com toda a sua cor sangrenta, é uma realidade maior que esse

Salvador sempre presente que a buscou e a persuadiu. Em toda a sua imortalidade gloriosa, escolheu ele reter as cicatrizes de sua experiência como ser humano. Ele leva consigo as marcas e ainda está ligado a elas. "Estenda a mão e coloque-a no meu lado."[9]

Retroceda várias semanas antes no Novo Testamento, e você encontrará um breve relato que dá início ao capítulo 12 de João. A luz move-se de uma pessoa para outra na sala de jantar e subitamente para em uma mesa especial para duas pessoas: Jesus e uma mulher chamada Maria de uma cidade chamada Betânia:

> Seis dias antes da Páscoa Jesus chegou a Betânia, onde vivia Lázaro, a quem ressuscitara dos mortos. Ali prepararam um jantar para Jesus. Marta servia, enquanto Lázaro estava à mesa com ele. Então Maria pegou um frasco de nardo puro, que era um perfume caro, derramou-o sobre os pés de Jesus e os enxugou com os seus cabelos. E a casa encheu-se com a fragrância do perfume.
>
> Mas um dos seus discípulos, Judas Iscariotes, que mais tarde iria traí-lo, fez uma objeção: "Por que este perfume não foi vendido, e o dinheiro dado aos pobres? Seriam trezentos denários". Ele não falou isso por se interessar pelos pobres, mas porque era ladrão; sendo responsável pela bolsa de dinheiro, costumava tirar o que nela era colocado (v. 1-6).

Você entendeu o que Maria de Betânia fez com um perfume tão valioso? Ela encharcou os pés de Jesus com ele. Não gotejou o conteúdo nem o esfregou sobre a pele de Jesus. Ela derramou o perfume. Despejou todo o conteúdo — não no chão para formar uma poça de perfume, onde seria desperdiçado, mas nos pés de Jesus, onde seria extremamente valorizado. Judas ficou atônito, dizendo que a substância

---

[9]  João 20.27.

poderia ser usada de forma melhor. É o que os ladrões fazem quando veem uma oportunidade perdida de conseguir lucro roubado.

Ninguém pode dizer o que fazer com as coisas que são muito preciosas para você. Elas são suas. Assim como as cicatrizes, elas fazem parte de como você foi marcada com originalidade. Mas você tem o direito, se insistir audaciosamente, de derramar cada gota nos pés de Jesus. Há um Judas perto de você nas proximidades espreitando cada oferta cara.

"É um exagero", ele dirá.

"Jesus não merece tanto", ele dirá.

"Talvez ele não seja quem afirma ser", ele dirá.

"Veja o que ele fez você passar", ele dirá.

"Você poderia usar isso de forma melhor", ele dirá.

"Você parecerá tola diante dos outros", ele dirá.

Ele é ladrão. Está tentando furtar isso de você para roubar a redenção e lucrar com as trevas. Se você tem nervos e verve suficiente, pense em dizer apenas estas duas palavras a ele.

*Vá embora.*

O chamado é inteiramente seu, mas, se você pegar aquilo que custou muito caro e derramar todo o conteúdo nos pés de Jesus, ali, pouco além das sensações de mortalidade, a sua ou o seu:

local de trabalho,

quarto de hospital,

casa,

dormitório na faculdade,

santuário da igreja

ou cela de prisão

ficarão impregnados com o delicioso perfume do óleo mais precioso da terra.

# CAPÍTULO 8

# Não basta precisar

Imagine um mundo no qual as pessoas fazem o que precisam fazer. Uma adolescente olha para seu quarto ao atravessar a porta para ir à escola. Ela vê as 14 peças de roupas espalhadas pelo quarto que tentou usar e desistiu. Uma delas está pendurada no abajur e outras duas estão penduradas nas lâminas do ventilador de teto. De repente, ela diz consigo mesma: *Eu preciso mesmo arrumar o meu quarto!* Ela joga os livros no chão, atira a bolsa para longe, tropeça em três pares de sapatos no caminho até o *closet* e começa a pegar alguns cabides. Antes de sair de casa, ela vê a mãe colocando caixas de cereal orgânico de volta na prateleira e pensa: *Preciso ajudar a minha mãe, senão ela vai chegar atrasada ao trabalho.* A adolescente corre até a pia na velocidade de um raio, enxágua as *goji berries*[1] e as sementes de chia que estavam dentro de tigelas e coloca os recipientes na lavadora. Enche o pequeno compartimento com detergente de alta eficiência, fecha a porta da lavadora e seleciona o botão para economizar energia. Ela precisa dar um abraço na mãe e, claro, a abraça —, mas em seguida atravessa a porta correndo para chegar à escola antes do toque da campainha às 8 horas.

---

[1]  Fruta asiática da planta *Lycium barbarum* semelhante ao tomate cereja e rica em vitamina C. [N. do T.]

O céu na terra.

É domingo de manhã e você pensa: *Preciso ir à igreja hoje.* Assim, apressa-se, toma um banho rápido para economizar água e veste-se. Ao olhar no espelho, você vê que sua saia está mais curta e mais apertada que da última vez que a usou. *Preciso me exercitar!* Por que não fazer duas coisas ao mesmo tempo? Então, você amarra pesos nos tornozelos e vai à igreja com eles. Só encontra um lugar para estacionar o carro a alguns quarteirões de distância, mas sabe que precisa andar a pé um pouco. Então, você anda a pé. A manhã está quente e úmida, e os pesos nos tornozelos a fazem transpirar como um cavalo com sela, mas você leu em algum lugar que o corpo humano precisa transpirar, portanto decide sentir-se agradecida nesse momento pelo fato de seu cabelo estar grudado ao couro cabeludo. As suas amigas planejam ir a um restaurante depois do culto e você quer muito acompanhá-las, mas o pastor levantou o assunto da eficácia do jejum no terceiro tópico do sermão. Você diz a elas que gostaria muito de ir, mas precisa jejuar. Elas ficam pasmas. "Nós também precisamos!" E todas decidem jejuar. Assim, ninguém vai almoçar. Mas nenhuma está aborrecida, porque elas vivem em um mundo no qual as pessoas fazem o que precisam fazer.

Imagine como a vida seria.

"Preciso mudar." Pronto. Eu mudo.

"Preciso ir à loja." Lá vou eu.

"Preciso ser uma amiga melhor." Duas horas ao telefone e, ao meio-dia, consigo o que quero.

"Preciso cortar o cabelo." Pego a tesoura da cozinha. Quem precisa ir ao salão de beleza se tem uma tesoura em casa? E quem preferir cortar cabelos em camadas pode usar a faca de pão.

"Preciso beber alguma coisa." Ei, calma! "Preciso beber água." É bem melhor. Na verdade, alguns especialistas dizem que necessitamos de 30 ml de água para cada 450 g de peso, portanto suba na balança e beba a quantidade de água necessária. Faça da água uma vitamina.

Enquanto troca os lençóis antiácaros, você vê de relance a sua vizinha passar correndo na frente da sua casa, usando calça *legging* preta e roxa. "Eu também preciso correr!" A essa altura, as bolhas causadas pelos pesos nos tornozelos que você usou para ir à igreja já formaram calos. Você pega o seu tênis biodegradável e vai correr, mas volta logo para casa, dando passos rápidos e curtos nas pontas dos pés porque precisa ir urgentemente ao banheiro. Toda aquela vitamina de água.

O *smartphone* de um homem apita para lembrá-lo de alguma coisa. Ele se levanta rápido da cadeira na sala onde estava vendo um documentário sobre o bom planejamento financeiro. Ele vê a esposa cerzindo meias, levanta-a até ela se firmar em seus sapatos ortopédicos, dá um beijo em seus lábios cobertos com protetor solar fator 30 e a elogia sete vezes enquanto a fita nos olhos. Em seguida, ele precisa abraçar os filhos. Encontra os filhos em idade escolar em seus quartos bem-arrumados fazendo os deveres de casa para conseguir uma nota melhor, e o caçula de 2 anos com o rosto vermelho sentado em um peniquinho.

Se vivêssemos em um mundo no qual as pessoas fizessem o que realmente precisam fazer, ninguém que tivesse um pouco de dinheiro ficaria sem gasolina no carro, ninguém levaria multa por excesso de velocidade, ninguém deixaria escapar a oportunidade de ser convocado para serviço do júri, ninguém seria exagerado, ninguém teria de fazer obturação de canal, ninguém ficaria de castigo, ninguém ingeriria suplementos de fibra e ninguém, ninguém mesmo, tomaria refrigerante. Os centros de reabilitação de drogados seriam jurássicos e *AA* significaria Admitidamente Admirável.

Então, por que cargas d'água não fazemos o que precisamos fazer? Se fizéssemos, seríamos todos, pense bem, *praticamente perfeitos*.

Eva jamais teria esticado o braço em direção àquela árvore, e a serpente não teria tido um alvo para enganar. Parece que Deus nos teria feito exatamente dessa maneira para poupar-se do grande problema de nos salvar.

Tudo isso me faz lembrar da minha mãe. Ela foi uma das pessoas mais espirituosas que tive o prazer de conhecer. Somente as minhas irmãs são capazes de me divertir de modo semelhante a ela. Com grande sagacidade e muito bem informada, era ela quem tinha as respostas mais rápidas deste lado do Mississippi. Para manter o peso, ela preferia cigarros a exercícios físicos, mas, se pudesse escolher, não seria pega no ato de comprá-los. Essa tarefa era do meu pai, um maço por vez. Imagine só, ele não fumava desde a Segunda Guerra Mundial e o cheiro de tabaco o fazia sentir ânsia de vômito.

Mamãe preferia café instantâneo a café coado, garfos de plástico a garfos de aço inoxidável, e só usava massa pronta de panqueca com a inscrição: *adicione apenas água*. Nunca fechava um livro sem abrir outro e tinha um domínio de vocabulário de fazer Noah Webster cantar e rodopiar ao cântico do "Coro de aleluias". Dito isso, pergunte a qualquer um dos cinco filhos da minha mãe, e comprovaremos que as palavras mais comumente repetidas que saíam de seus lábios eram: "Preciso ir ao supermercado".

Ela quase nunca ia. Fazia de tudo para evitar ir ao supermercado, inclusive aproveitar as sobras de almôndegas congeladas e reaquecê-las no forno com molho pronto. Com exceção dos dias festivos em que ela preparava um prato ao forno com migalhas de broa, a comida requintada na casa da minha mãe era carne moída congelada em forma de bife. Eu gostava daquilo. De alguma forma, sua extraordinária companhia compensava um purê de batatas translúcido. Em seu túmulo, gravamos as palavras "Rainha de Tudo" porque, para nós, ela era isso mesmo. Nós a adorávamos. Mas nos arrependemos de não a ter convencido a escrever um livro de culinária intitulado *Como alimentar uma família de oito pessoas sem ir ao supermercado*. Ela poderia ter ganhado uma fortuna e economizado todo o dinheiro gasto em selos para a Publishers Clearing House na tentativa de ganhar prêmios.

A verdade é que nem sempre fazemos o que precisamos fazer. E este é o motivo principal: *porque não queremos fazer*.

Em termos gerais, quando se trata do ser humano, o querer sobrepuja o precisar, exceto em casos de sobrevivência. É disso que este capítulo trata. Comemos, dormimos e ligamos para o número de emergência porque precisamos permanecer vivas, mas nós, mortais, somos compulsivamente resistentes ao que *precisamos* fazer para prosperar. Sabemos que se trata de uma peculiaridade insatisfatória. Brigamos terrivelmente com ela — desde o jardim do Éden —, mas algo dentro de nós causa-nos arrepios ao pensar em fazer o que precisamos fazer apenas por necessidade. No fim do dia na terra da liberdade, as pessoas tendem a fazer o que querem.

Pense, por exemplo, naquela extraordinária amizade até o dia em que sua amiga contou que necessitava muito, muito mesmo, de você e fitou-a nos olhos como se estivesse falando muito, muito sério mesmo. Na mesma conversa, ela disse que era uma pessoa de uma amiga só. "É tudo o que eu realmente preciso", ela disse. Na décima sexta mensagem de texto que você recebeu no dia seguinte no trabalho, você começou a coçar a cabeça e foi se afastando aos poucos da amiga. Ou talvez esse seja um problema só meu. Nós nos odiamos por isso, porque sabemos que é errado, e arrependemo-nos porque sabemos que é certo. Mas, de alguma forma, na nossa imensa imperfeição humana, aquela enorme necessidade manda embora o querer.

Por outro lado, provavelmente somos pessoas mais agradáveis. Provavelmente não agimos assim nos nossos relacionamentos. O problema deve ser apenas com a nossa geladeira. Quando não podemos ingerir alimentos à base de leite, é aí que queremos abri-la para pegar um queijo. Quando digo a mim mesma que preciso consumir menos sal, penso o tempo todo naquele vidro de azeitonas recheadas com pimenta, naqueles pontinhos vermelhos olhando para mim na prateleira da geladeira entre os picles de endro e o molho de soja. Não me orgulho disso. Preciso mudar, mas esse é o grande problema. Eu não quero mudar.

Não se engane. Não é brincadeira. Se realmente resistirmos a tudo o que precisamos fazer, a nossa vida — incluindo relacionamentos, casamento, saúde, estudos, lar, apartamento, carro, finanças — desmoronará completamente. Ficaremos completamente sozinhas e desoladas. Não há ninguém mais carente que aquela pessoa que só fez o que queria.

Nós precisamos precisar. Precisar é o que salva o nosso pescoço ossudo quando o nosso querer segue o caminho errado. É o alimento da fidelidade em tempos de grande tentação. Em Efésios 6.13-17, Paulo descreve a armadura de Deus que protege o cristão nas batalhas violentas contra as forças demoníacas. Cada peça da armadura corresponde teologicamente a um lugar específico no corpo do guerreiro. A couraça da justiça cobre e protege o coração de modo apropriado e estratégico. Representa a imensa proteção que se origina de agir corretamente mesmo quando achamos que é errado.

Portanto, precisar é bom. O desespero é ainda melhor, porque ele pode transformar aquilo que precisamos naquilo que queremos. Foi o que aconteceu comigo, mas bem depois. *Chegar ao fundo do poço* é a expressão que os alcoólatras usam para descrever o processo de descer dramaticamente a partir da necessidade (*Eu preciso parar de beber*) até o desespero (*Se eu não parar, a bebida vai me destruir*). Qualquer pessoa que esteja em fase de recuperação de uma substância que causa dependência dirá que a sobriedade tem de ser algo que ela deseja muito, não algo que seja extremamente necessário.

No ringue, quando dois homens competem pelo motivador humano de peso pesado, o querer vence a necessidade até eles se tornarem uma massa sangrenta. Essa competição, em seu mais alto nível, não é mais dramática que o ringue da nossa espiritualidade. Nenhuma de nós chegará ao final deste livro nem buscará vorazmente um amor audacioso por Jesus porque precisa disso. Quando a situação estiver prestes a explodir, a nossa força motora deverá ser o querer; caso contrário, ela passará a ser mais uma fase com duração de uma ou duas semanas. A disciplina não fará esse serviço por nós. A disciplina pode tornar-nos mais semelhantes a Cristo, mas não pode nos fazer amar Cristo de maneira mais intensa. Jamais o amaremos só porque precisamos amá-lo. Só o amaremos audaciosamente porque queremos amá-lo.

As primeiras palavras de Jesus registradas no evangelho de João são extremamente relevantes para nós nesse momento crítico em que desejamos amar Deus audaciosamente. Você as encontrará cuidadosamente inseridas no meio deste contexto sucinto.

> No dia seguinte João estava ali novamente com dois dos seus discípulos. Quando viu Jesus passando, disse: "Vejam! É o Cordeiro de Deus!"
>
> Ouvindo-o dizer isso, os dois discípulos seguiram Jesus. Voltando-se e vendo Jesus que os dois o seguiam, perguntou-lhes: "O que vocês querem?"
>
> Eles disseram: "Rabi" (que significa "Mestre"), "onde estás hospedado?"
>
> Respondeu ele: "Venham e verão" (João 1.35-39a).

Se estivéssemos procurando uma edição da Bíblia que ressaltasse em vermelho cada declaração que partiu da boca de Cristo, esta pergunta seria a primeira chamada em vermelho no evangelho de João:

*"O que vocês querem?"*

Somos especialistas em dar um tom insolente a essa pergunta porque é comum ouvirmos esse tom na nossa cultura atual, mas separe essa imposição do contexto dos tempos antigos. Jesus simplesmente perguntou o que eles estavam buscando. *Desejando*. Por que exatamente eles o estavam seguindo? Essa também não é uma pergunta inadequada para nós. Ela nos faz pensar — e pensar é bom. A pergunta é particularmente tocante em um evangelho que se encerra com outra pergunta em tom vermelho-vivo na página sagrada:

*"Você me ama?"*

O princípio e o fim escritos em vermelho-vivo no livro de João: *Querer. Amar.* Jesus não deixa dúvida quanto a isto: seus seguidores estavam sendo convidados a uma jornada do coração. A religião mofada e sedada era *de fora para dentro*. Jesus veio para transformar a espiritualidade *de dentro para fora*. Ele iniciou uma era na qual os seguidores seriam "uma carta de Cristo [...] escrita não com tinta, mas com o Espírito do Deus vivo, não em tábuas de pedra, mas em tábuas de corações humanos" (2Coríntios 3.3).

Esse é o ponto principal. Jesus não necessita de nada. Portanto, não tenho certeza se ele fica entusiasmado quando ouve continuamente estas palavras dos nossos lábios zelosos:

> *Eu preciso ler a Bíblia.*
>
> *Eu preciso orar.*
>
> *Eu preciso ir à igreja.*
>
> *Eu preciso servir alguém.*
>
> *Eu preciso dar dinheiro aos pobres.*
>
> *Eu preciso ajudar algumas pessoas.*

E eu preciso mesmo. Provavelmente você diz essas palavras também. Mas suponha que de vez em quando Jesus gostaria de rebater com a mesma pergunta que ele fez aos dois homens que o estavam seguindo:

*O que você **quer**?*

Talvez, a fim de provocar alguns pensamentos e revolver a terra na qual os relacionamentos vivos são plantados e crescem, ele preferisse dizer de vez em quando algo parecido com isto:

*Eu ouvi aquilo que você estava dizendo que precisa fazer, e isso é bom. É importante. É uma convicção. É piedoso. Mas é esta a pergunta à qual eu gostaria que você respondesse: O que você quer? O que impulsiona o seu coração? O que fez você me seguir? O que você está buscando? O que está realmente procurando? Porque é aí que encontraremos as suas afeições...*

"Pois onde estiver o seu tesouro, aí também estará o seu coração" (Mateus 6.21).

Cada uma de nós tem o privilégio de crescer e seguir em frente. Não chegamos simplesmente a este mundo. Temos a alegria de andar com Jesus em uma linda planície, na qual a paisagem nunca se desgasta e cada quilômetro é importante. Mas, em algum lugar ao longo do caminho para conhecê-lo, sentir fascinação por ele e enamorar-se dele, penso que Jesus está querendo ouvir sua resposta favorita, a melhor de sempre, à pergunta que faz a seus seguidores.

*O que você quer?*

EU QUERO A TI. *A ti,* Jesus.
Tu és o que eu mais quero neste mundo.

"Pois os olhos do Senhor estão atentos sobre toda a terra para fortalecer aqueles que lhe dedicam totalmente o coração" (2Crônicas 16.9a). Uma vez que Jesus lê o nosso coração antes de proferirmos qualquer palavra, ele não está querendo ouvir esse tipo de resposta antes de ela ser verdadeira, mas esse é um lugar glorioso onde o desejo autêntico firma raízes e começa a crescer:

*(Seu nome/meu nome), o que você quer?*

*Jesus, eu TE quero. Tu me ajudarias?*
*Já sei que preciso de ti. Preciso querer querer a ti também.*

Fomos criadas pelo desejo divino para o desejo divino. Deus não nos criou do pó da terra porque precisava de nós. Ele nos criou porque nos queria. Um dos primeiros conceitos que ouvimos no início do nosso discipulado como seguidoras de Cristo é o chamado que recebemos para fazer a *vontade de Deus* durante a nossa vida inteira. Esse é o cristianismo básico. Repetidas vezes em seu reino terreno, Jesus disse que veio ao mundo para fazer a *vontade* de seu Pai. Repetidas vezes no Novo Testamento, ele disse a seus seguidores que fizessem o mesmo. Se considerarmos a fidelidade de Deus a nós e a nossa fidelidade a ele como nada mais que obrigação mútua, deixaremos de ter satisfação na alma. Deus não está pedindo que abramos o nosso coração enquanto ele fecha o dele. A vontade de Deus é motivada pelo desejo dele. Espero provar isso a você, mas vou precisar da sua paciência no decorrer de um rápido estudo do significado das palavras.

A palavra grega traduzida com mais frequência pelo substantivo *vontade* no Novo Testamento é *thelema*. Dê uma olhada nas duas definições desse vocábulo em dois dicionários da língua grega:

aquilo que é desejado ou almejado.[2]

---

2   LOUW, J. P.; NIDA, Eugene A. **Greek-English Lexicon of the New Testament:** Based on Semantic Domains. New York: United Bible Societies, 1996. [Tradução livre.]

Vontade, não para ser entendida como uma ordem, mas como uma expressão ou inclinação de prazer naquilo de que se gosta, naquilo que satisfaz e que produz alegria. Quando indica vontade de Deus, significa sua misericordiosa disposição em fazer algo. Usado para designar o que o próprio Deus transforma em seu próprio prazer.[3]

Você entendeu estas palavras? *Desejado. Prazer. Naquilo de que se gosta... que satisfaz... que produz alegria.* Não existe nada frio a respeito da vontade de Deus. Nada plástico, nada desvinculado. Nada egomaníaco. Nada particularmente econômico. Parcimonioso não é a palavra que deveríamos usar para descrever Deus. Ele é extremamente generoso por natureza, o último a conceder graça como se fosse uma moedinha. A vontade de Deus *para nós* e *em relação a nós* não se origina apenas de cálculos mentais. Ela flui com certeza de suas santas afeições. Fomos criadas e chamadas de acordo com sua vontade. Aquele que nos deseja anseia para que também o desejemos. Essa é a forma do amor verdadeiro. É altruísta e insaciável.

João 17 registra os pedidos surpreendentemente íntimos que Jesus fez ao Pai por seus seguidores — do presente e do futuro — pouco antes de ser preso. Pegue um termômetro na sua caixa de medicamentos e meça a temperatura do coração de Jesus em cada linha extraída de sua oração de 26 versículos. Imagine Jesus sabendo exatamente o que o aguardava naquela noite e a violência do dia seguinte:

"Minha oração não é apenas por eles. Rogo também por aqueles que crerão em mim, por meio da mensagem deles, [isso inclui você e eu] para que todos sejam um, Pai, como tu estás em mim e eu em ti. Que eles também estejam em nós, para que o mundo creia que tu me

---

3 ZODHIATES, Spiros. **The Complete Word Study Dictionary:** New Testament. Chattanooga, TN: AMG Publishers, 2000. [Tradução livre.]

enviaste. Dei-lhes a glória que me deste, para que eles sejam um: eu neles e tu em mim. Que eles sejam levados à plena unidade, para que o mundo saiba que tu me enviaste, e os amaste como igualmente me amaste. Pai, quero que os que me deste estejam comigo onde estou" (João 17.20-24a).

Será que a santidade se torna mais intimamente e mais completamente envolvida que isso? "Eu neles e tu em mim. [...] [Tu] os amaste como igualmente me amaste." Tente fazer o possível para esticar as mãos até os limites incomensuráveis dessa corajosa declaração. O Pai ama você da mesma forma que ama seu único e amado Filho. É por isso que podemos afirmar que Deus ama cada uma de nós e, nas palavras de Agostinho, "como se existisse apenas uma única pessoa". Isso está muito longe de achar que você é vagamente tolerável e permitir que se misture despercebida a um grupo de pessoas que atravessa a porta do céu.

Depois de segurar as palavras do texto contra o peito por alguns momentos, pise com os dois pés na força do último versículo. "Pai, quero que os que me deste estejam comigo onde estou." A palavra *quero* no versículo é traduzida do verbo grego *thelo*. Observe que, em razão da semelhança de *thelo* com *thelema*, as palavras brotam da mesma fonte da afeição.

Não tenho certeza se o coração humano sente um anseio maior de ser querido — e não apenas por uma noite, mas durante a vida inteira. Tão certo como o mar reflete o sol nascente, esse anseio terreno é um pálido reflexo da *imago Dei*. Não almejamos ser queridas apenas para nos sentirmos seguras. Fomos criadas com o anseio de ser queridas, para buscarmos e encontrarmos aquele que mais nos deseja. O Criador do céu e da terra não nos criou com desejo a fim de reprimi-lo. Ele nos moldou para nos cativar e fascinar e para nos inflamar com fogo santo.

O Noivo, por quem e para quem o nosso coração foi moldado, deleita-se em quem tem a audácia de aceitar pessoalmente estas palavras de Cântico dos Cânticos, com paixão e como se fossem uma profecia:

Eu pertenço ao meu amado,
    e ele me deseja (7.10).

Tente começar o dia com esse versículo todas as manhãs. Olhe para aquela mulher no espelho do banheiro que não sabe se possui algo desejável e diga essas palavras em voz alta a ela. Diga-as com muita sinceridade. E se, por um motivo qualquer, você necessitar do versículo no pior dia — de solidão, perda, abandono ou rejeição —, escreva-o num pedaço de papel e cole-o com fita adesiva no canto do espelho, onde poderá vê-lo todas as vezes que encara seu reflexo ali.

Agora, vamos virar esse pedaço de papel. Cada página deste livro é dedicada à busca ousada de uma afeição audaciosa por Jesus, que nos dá a resposta. No reverso de Cântico dos Cânticos 7.10, penso que Jesus anseia dizer a respeito de você e de mim:

*Ela me deseja.*

É possível que um ser humano tenha esse tipo de desejo por um Salvador invisível? Se o Espírito Santo do Deus vivo tomar conta de nós, a resposta será um milhão de vezes "sim". Essa paixão ressonante é o tema supremo que levou Deus a chamar Davi de "um homem segundo o coração de Deus". Meça o pulso de Davi em Salmos 27.4:

Uma coisa pedi ao Senhor;
    é o que procuro:
que eu possa viver na casa do Senhor

todos os dias da minha vida,
para contemplar a bondade do Senhor [...].

Asafe, outro salmista, escreveu estes versos maravilhosos:

A quem tenho nos céus senão a ti?
E na terra, nada mais desejo
além de estar junto a ti.
O meu corpo e o meu coração
poderão fraquejar,
mas Deus é a força do meu coração
e a minha herança para sempre.[4]

Quando comecei a me apaixonar por Cristo e a amarrotar as páginas da minha Bíblia impecável, encontrei, enquanto passava de uma página a outra o tempo todo, três palavras simples em Filipenses que cativaram meu coração:

Quero conhecer Cristo (3.10a).

*Eu também quero!*, pensei. *Ou pelo menos quero querer!* Eu já havia mergulhado de cabeça numerosas vezes nessa trincheira. Sabia que *precisava* conhecer Cristo. Eu o conhecia havia anos, mas aquele fato claro não tinha o poder de grudar os meus olhos na página quando o desespero passava. Só uma coisa possuía a força para me manter nela: *Quero conhecer Cristo*. O momento decisivo de mudar o jogo estava chegando a um lugar no qual eu *queria* amar Jesus, *queria* buscá-lo, *queria* servir a ele e *queria* levantar-me antes do nascer do sol para conversar com ele. Eu estava com muito medo

---

4   Salmos 73.25,26.

de perder algo significativo, fascinante ou fabuloso que ele poderia querer me mostrar ou me dizer. O milagre de Deus é que, depois de tantos anos, eu me senti da mesma forma esta manhã.

Aquilo que eu precisava fazer nunca mais me deteve depois que resolvi sair debaixo da pressão. Simplesmente não era o bastante para me suster. Por fim, a minha vida seria movida pelo mesmo motivo que o seu: *desejo*.

Chegamos a esse ponto na nossa caminhada rumo à audácia, para permitir que Jesus nos faça a mesma pergunta que faz a verdade vir à tona, que mata a charada, a fim de nos preparar para o restante da nossa jornada:

*O que você [realmente, realmente, realmente] quer?*

Talvez você já possa responder a essa pergunta com o grito mais alto que qualquer outra boca conseguiu até hoje: *A ti, Jesus!* Se assim for, ele ganhou o seu coração nesta fase atual, e você poderá chutar um pouco de poeira em uma comemoração impetuosa. Não há nenhuma reviravolta como essa reviravolta. Mas se, por acaso, o seu rosto arder como fogo para responder sinceramente a essa única pergunta, quero que você saiba que entendi. Eu era assim. E esse será o assunto do capítulo seguinte.

# CAPÍTULO 9

# Um querer totalmente novo

A minha lembrança mais remota vem da época em que eu tinha mais ou menos 4 anos de idade, girando dentro de um balanço de estopa pendurado por uma corda amarrada ao tronco de um pinheiro em Arkansas. Eu girava a corda frágil o mais que podia, entrava no saco de estopa, agarrava-me a ele para não cair, e jogava a cabeça para trás enquanto o balanço girava a toda velocidade. O objetivo era manter os olhos abertos e ver aquelas agulhas de pinheiro se transformando em um tom esverdeado como se fosse feltro. Eu descia daquele saco e andava cambaleando, como se estivesse mais bêbada que Cooter Brown.[1] Por um ou dois minutos, sentia vontade de vomitar e nunca vou saber por que aquilo não me desencorajava. Eu tinha uma atração por aquele balanço. No verão, quando eu usava *short*, as partes internas das minhas coxas magricelas quase ficavam em carne viva por causa do aperto dentro do saco de estopa. Se um carrapato me mordesse, eu não notaria.

---

[1] Personagem de uma história da época da Guerra Civil nos Estados Unidos que decidiu embriagar-se, e permanecer embriagada, para não ter de lutar na guerra. [N. do T.]

A minha família mudou-se para Houston enquanto eu cursava o ensino médio, mas as colinas verdes e o povo bondoso de Arkansas haviam deixado marcas profundas demais no meu coração para serem desfeitas. Em todos aqueles anos, nunca consegui livrar-me do meu forte sotaque, apesar de ter enfrentado muitas brincadeiras e aturado numerosas imitações em público. Algumas meninas eram boazinhas, mas, francamente, não sabiam prender o cabelo corretamente. Somos todos uns pacotes globais. Se conseguimos dominar o sotaque, mas não conseguimos dominar o cabelo, tudo não passa de conversa mole.

Assim como muitas regiões nas quais a cultura é fértil, os nossos coloquialismos eram tão consistentes quanto o nosso sotaque. Algumas das nossas figuras de linguagem eram clássicas do Estado de Arkansas, outras eram amplamente sulinas, e outras ainda eram subprodutos de eu ter sido criada com parentes maravilhosos e peculiares com raízes deliciosamente rurais. Posso afirmar que não sei de quais dessas três fontes se originaram essas figuras de linguagem, portanto não vou culpar o Estado de Arkansas pelo modo com que me expresso.

Vamos pegar Cooter Brown como exemplo. Não tenho ideia de quem foi Cooter Brown nem por que ele sentiu necessidade de beber tanto a ponto de qualquer pessoa embriagada ser comparada a ele. Pelo que sei, Cooter Brown não esteve sóbrio em nenhum dia de sua vida. Deus o amava. O problema deve ter sido a sra. Brown. Simplesmente não sei. A única coisa que sei sobre o sr. Brown era que, aparentemente, ele estava sempre embriagado. Também não sei se a família Brown foi criada perto do meu maravilhoso Estado de Arkansas, mas com certeza não foi criada na minha cidade, porque a minha cidade se aninhava bem no centro de uma região em que imperava a lei seca. Para conseguir embriagar-se, Cooter Brown teria de viajar a Hot Springs.

Várias formas de expressar usadas pela minha família estão firmemente cravadas no meu vocabulário cotidiano e faço bom uso delas várias vezes por semana. "Estropiado" era uma delas. Significa ter músculos emperrados demais. Em geral, quando a utilizo, não o faço em referência a mim. Estou quase sempre falando sobre a minha *border collie*, Rainha Ester. Ela faz muitas travessuras nos bosques onde Keith e eu moramos e, às vezes, está estropiada no fim do dia. Big Pops, o pai de Keith, vive estropiado. É assim que nos expressamos.

Outra palavra que usamos é uma corruptela de *duvidoso*, embora, mesmo não sendo eu uma pessoa ignorante, só tenha feito a conexão há alguns anos. Pronunciamos "dubidoso" como os latinos e a usamos em frases como a que a minha filha caçula disse somente ontem à noite na cozinha: "Ouvi dizer (tal coisa), mas estou *dubidosa*". Significa que ela está desconfiando de alguma coisa, suspeitando de que algo não está batendo. A família Moore do Texas aceitou totalmente a minha dubiedade e diz a palavra continuamente. E eles não foram criados na minha região. Em determinados contextos, não há outra palavra melhor. Francamente, há muita coisa *dubidosa* neste mundo.

"Meio que doido" é uma expressão muito usada por aqui, bem como nas lembranças que tenho da minha avó, Minnie Ola, que, até onde sei, costumava falar assim. Significa que uma pessoa é mais ou menos alguma coisa (meio que). Na época em que vivemos, há oportunidades infinitas de usar essa expressão singularmente descritiva, principalmente quando passamos tempo na internet. Se a minha avó tivesse um carinho especial pela pessoa, deixaria de dizer doido e diria simplesmente: "Coitadinho, ele não sabe o que faz". Por exemplo, se ela tivesse vivido para ver como eu pronuncio algumas palavras aos 30 anos de idade, teria demonstrado piedade pelos habitantes do meu humilde Estado, usando essa mesma expressão.

O meu pessoal usava a palavra *segurar* em lugar de *assegurar* como em: "Eu seguro que foi o pior sermão que ouvi". Se você não tivesse sido criada na minha região, diriam que você "veio *num* sei donde". Se estivesse de mau humor, poderia ficar alegre "num bocadinho de tempo". Se agisse de modo idiota, era porque não tinha "as ideias no lugar", e todos diriam isso na sua cara. Na região de onde eu vim, as pessoas não choravam. Elas "inundavam o local". Não me pergunte por quê. São questões com respostas muito profundas.

Estou mencionando tudo isso a fim de dar-lhe uma base firme para entender uma das frases sábias do meu pai, que está descansando nos braços de Deus. Ele morreu há oito anos, aos 86 anos de idade, com seu atlas de viagem e um tabuleiro de jogo de palavras cruzadas aberto sobre a mesa do café da manhã. O que o meu pai tinha a dizer era digno de nota e, como um ponto a mais em seu favor, ele nasceu em uma cidade chamada Belém. O pai e o avô dele estão enterrados no cemitério dessa cidade. A cidade de Belém do meu pai localizava-se em Arkansas, não na Judeia, mas por que discutir pormenores? Ambas tinham estábulos e nenhuma possuía um hotel decente.

Todas as vezes que o meu pai se exasperava, seu rosto adquiria uma expressão característica. Ele baixava os braços e dizia (de modo enfático e lento, como se estivesse prestes a atirar em alguém):

"Isto me faz querer cheirar rapé".

A avó materna dele, a sra. Ruthie, cheirava rapé — uma cena que eu achava decididamente perturbadora na infância, portanto nunca tive certeza se o meu pai iria cumprir suas ameaças. Alguém deveria aprovar uma lei proibindo os adultos de forçarem as crianças a cumprimentarem bisavós idosas demais que, naquele momento, estivessem cheirando rapé. Se você fosse iniciante, poderia chutar acidentalmente a caneca de cuspir, e aquilo seria motivo para alguém acabar com a sua vida.

Pelo que sei, o meu pai nunca se deu ao luxo de cheirar rapé, mas, até o dia de sua morte, cada ocasião em que ele se irritava era uma oportunidade para declarar essa sua intenção.

Estou escrevendo isso para dizer que a vida teria sido muito mais fácil para mim se o meu maior desejo fosse cheirar rapé. O que eu queria era ser querida a todo custo. O que eu queria era que alguém me tratasse de modo injusto para provar que eu estava certa a meu respeito. O que eu queria era que alguém fosse tão confuso quanto eu para ter menor probabilidade de ser entendido. Eu ansiava por segurança, mas a sabotava repetidas vezes cercando-me de relacionamentos e situações que ligavam constantemente os botões das minhas inseguranças infinitas. Eu era movida por algo mais urgente que as correntes geradas pelas ondas do medo. Era movida pelo pânico. O meu irmão mais velho disse-me certa vez que, quando eu era pequena, sempre tinha uma expressão no rosto como se alguém tivesse saído de trás de uma cortina preta e gritado: "Buuu!". Imagine isso. Eu tinha pavor de ficar sozinha, mas morria ainda mais de medo de ser o meu verdadeiro "eu". Na verdade, eu não tinha a menor ideia de quem era. A minha identidade baseava-se unicamente na pessoa com a qual eu estava no momento. Eu tinha de ser algo de alguém o tempo todo. Não havia nenhum mérito no meu mérito. O meu valor estava apenas no que eu via refletido nos olhos de outra pessoa. Eu era um campo aberto sem cercas e, se a minha vida fosse um *Webster*, a palavra *não* estaria completamente perdida entre o *nada* e o *sem valor*.

Eu queria tanto ser querida que me ligava a pessoas de que nem sequer gostava, desde que elas gostassem de mim. *Por favor, me ame. Quero fazer você me amar. Quero fazer você feliz.* As pessoas sabiam que eu concordava com tudo. *Onde você quer almoçar,*

*Beth? Onde você quiser. O que você quer fazer, Beth? O que você quiser. Quero apenas que fique comigo. Que me queira. Que me ame.* Esta era a mais importante: *Que você cuide de mim.* De uma forma que eu consideraria completamente desconcertante hoje, nos tempos em que era mais jovem eu tinha certeza de que não poderia cuidar de mim mesma. A ironia era que eu sempre acabava sendo a cuidadora. Aparentemente, eu podia cuidar de todo mundo, menos de mim. Eu poderia contar histórias e situações da minha infância e adolescência que a ajudariam a entender por que passei a ser desta maneira, mas só Deus sabe como eu me resumia a um emaranhado de nervos.

Por um lado, isso foi bom. Eu sentia que estava destinada a isso. Resignada. Tenho uma lembrança surpreendentemente clara de quando estava com 14 anos de idade — sem nunca ter tomado um gole de cerveja nem de ter dado uma tragada em cigarro — imaginando aonde a minha escolha pelas drogas me levaria. Ao mesmo tempo, eu queria ser uma boa garota no pior dia e quase sempre fingia que era. As meninas que foram abusadas sexualmente e forçadas a guardar segredos terríveis sabem desde cedo quais são as regras do jogo. Eu fiz parte daquele jogo; fui uma das melhores jogadoras desde o ensino fundamental I e II e depois em três escolas diferentes no ensino médio. Então, empacotei os meus equipamentos de jogo depois da formatura e levei-os diretamente ao meu dormitório na faculdade.

Ao lembrar-me daqueles anos, sempre me pergunto se ainda devemos chamar de hipocrisia quando a pessoa que você está fingindo ser é aquela que você gostaria realmente de ser. Dou graças a Deus porque ele vê o coração, vê diretamente desde a falsa aparência até o sofrimento. Quando ele viu o meu coração, encontrou uma balbúrdia deformada, malnutrida e defeituosa. A minha vida inteira foi uma luta sangrenta por querer coisas que não podem coexistir.

O resumo da história é que o nosso querer às vezes se torna uma verdadeira confusão. E, nesse caso, a nossa vida se tornará confusa porque nós, humanos, exceto em casos de sobrevivência, somos movidos por aquilo que desejamos. Não podemos querer as coisas desesperadamente, agarrar-nos a elas e implorar por elas, sabendo que têm a capacidade de nos destruir. A gratificação do desejo é tão forte que nós, com os olhos arregalados, nos dispomos a satisfazê-lo hoje, mesmo que tenhamos de pagar um preço alto durante dez mil amanhãs.

*O coração é mais enganoso que qualquer outra coisa.*

É o que diz Jeremias 17.9a. O coração é um grande mentiroso. Pode fazer você pensar que vai viver feliz para sempre ao lado de um rapaz que não deu a você um só dia de felicidade desde que o conheceu. Pode fazer você ir atrás do sonho de ser famosa até isso se tornar o seu pior pesadelo. Diz que, se você está se sentido bem agora, é assim que sentirá pelo resto da vida. Afirma que não vale a pena você se esforçar para viver e que a sua família seria melhor sem você. O coração enganoso é capaz de a convencer de que você foi feita para o marido de outra pessoa e que trinta minutos de felicidade compensam trinta anos de arrependimento. Diz que é correto você cometer um furto na empresa na qual trabalha para melhorar a vida dos seus filhos. Que você restituirá o dinheiro assim que fizer algumas horas extras. *Ora, ora,* o coração mentiroso diz, *a empresa está roubando de você por não pagar o que você merece. Ela deve isso a você.*

O coração enganoso raciocina que Deus continua a receber a glória grandiosa de uma história grandiosa que você criou. *Veja como as pessoas estão sendo tocadas por ela.* O coração enganoso diz: *Se eu quero de verdade, Deus deve querer que eu tenha.* E: *Deus me fez desta maneira. É assim que eu sou.* Diz que quem frequenta a igreja vai para o céu. Diz que não há mal nenhum na pornografia porque ela não machuca ninguém e que a prostituição é justificável, portanto quem vai se importar? Insiste em dizer que no amor e na guerra vale tudo, que o fim justifica os meios e que aquilo que você não conhece não a pode prejudicar. Diz que o fogo não a queimará, que o gelo não a congelará e que a areia movediça não a engolirá. Promete que você não é uma pessoa com tendência a ser dependente química. *Posso parar quando eu quiser.* Nas palavras infames de Sansão: "Sairei como antes e me livrarei".[2] Mas aquela foi exatamente a hora em que ele não conseguiu se livrar. O coração diz que estar com alguém, não importa até que ponto esse alguém seja destrutivo ou disfuncional, é sempre melhor que estar só e, se vier acompanhado de muito dinheiro, você tolerará tudo.

Até não conseguir mais.

Houve um homem chamado Salomão. Estude a vida dele antes de segui-lo. Ele também imaginava que, se pudesse ter tudo o que seu coração humano desejava, seria feliz. Acontece que ele não foi feliz.

> Ajuntei para mim prata e ouro, tesouros de reis e de províncias. Servi-me de cantores e cantoras, e também de um harém, as delícias dos homens. Tornei-me mais famoso e poderoso do que todos os que viveram em Jerusalém antes de mim, conservando comigo a minha sabedoria.

> Não me neguei nada
>     que os meus olhos desejaram;
> não me recusei a dar prazer algum
>     ao meu coração.
> Na verdade, eu me alegrei
>     em todo o meu trabalho;

---

[2]  Juízes 16.20. [N. do T.]

essa foi a recompensa

de todo o meu esforço.

Contudo, quando avaliei

tudo o que as minhas mãos

haviam feito

e o trabalho que eu tanto me esforçara

para realizar,

percebi que tudo foi inútil,

foi correr atrás do vento,

não há nenhum proveito

no que se faz debaixo do sol (Eclesiastes 2.8-11).

Nada é mais deprimente que perceber que, quando conseguimos aquilo que tanto queríamos, não o queremos mais. Não há morte mais mortal que a morte do desejo. Se não sabemos o que queremos, não sabemos quem somos. É aí que algumas de nós finalmente nos achegamos a Jesus, porque, se formos morrer de desejo, concluímos que é melhor ser religiosas. O que mais teremos a perder? O fato de que Jesus está disposto a revelar-se em beleza quando nos submetemos a ele é uma prova de sua graça surpreendente. Ele tolerará qualquer motivo se esse motivo nos fizer andar no caminho em que encontraremos sua presença. E, assim que o encontrarmos, poderemos tomar a decisão porque, se não tivermos mais nada a perder, nós nos perderemos nele.

No entanto, algo completamente inesperado acontece nesse momento. Ele desperta desejo. Ele a chama dentre os mortos e começa a desembaraçar os fios e a envia rodando como se fosse uma garota usando saia rodada. Você começa a sentir mais do que sentiu em toda a sua vida. Mas, curiosamente, esses desejos não são os antigos. Não estou dizendo que eles desapareceram. Estão esmagados sob algo mais pesado, silenciados por algo mais barulhento e empalidecidos por algo mais brilhante. Alguma coisa nova está acontecendo. Você não quer mais se destruir ao alimentar a sua carne a ponto de ela sufocar o seu espírito. Não quer mais amar a si mesmo a ponto de se odiar.

O desespero pode fazer a mesma coisa se nos levar a cair aos pés de Jesus. A vida se torna tão dolorosa que finalmente passamos a querer aquilo de que necessitamos. Nessa submissão exata, descobrimos que aquilo que precisamos é o que mais queremos neste mundo. Além da redenção da nossa alma, nada é mais glorioso e milagroso que a redenção dos nossos desejos. Não pense nem sequer por um momento que Jesus não pode curar um coração em completa desordem. Essa é a especialidade dele. É seu *métier:* varrer todos os cacos do seu coração para uma pá de lixo e jogá-los inteiramente nas palmas da mão. Ele encherá os pulmões de ar, soprará a sujeira e remodelará o que restou, peça por peça, até formar um mosaico de rara beleza e humildade suficiente para segurar algo extraordinariamente esplêndido.

Esse é o autêntico que expõe a falsificação. Rompemos com um amor menor e entregamo-nos a um amor maior. Deixamos de nos aquecer com o pavio de uma vela quando vemos como é bom nos banhar sob o sol do meio-dia. Não sabemos o que estamos perdendo quando nos refrescamos com ventiladores portáteis até o momento em que tiramos a echarpe e sentimos o vento santo uivante. O amor que produz vida é a única coisa letal o suficiente para matar o desejo assassino.

Veja a perspectiva da sua vida através da lente desta promessa:

> Deleite-se no SENHOR,
> e ele atenderá aos desejos do seu coração (Salmos 37.4).

Como o salmista foi capaz de colocar uma afirmação tão corajosa e tão abrangente no gramado espinhoso de um mundo lascivo?

O deleite que sentimos em Deus de dentro para fora expulsa tantos detritos do coração que ousamos confiar naquilo que sentimos. Os desejos que residem e se propagam sob o teto do prazer divino são aqueles que Deus abençoa com júbilo desenfreado. Veja, o desejo não é o problema. Fomos criadas para sentir desejo. O problema é o engano, e ele o atrai a um coração de carne como o ferro é atraído pelo ímã. Só uma coisa tem poder para extrair os espinhos do engano do lugar confortável que eles encontram no coração humano: a verdade. *A verdade de Cristo.* Nas palavras dele:

"E conhecerão a verdade, e a verdade os libertará" (João 8.32).

Precisamos saber disso, injetá-lo nos nossos ossos e guardá-lo pouco a pouco no nosso sistema de crenças até conseguir romper os fios e arrebentar as costuras. Não basta acariciar a verdade de vez em quando na nossa mesinha de cabeceira nem nos acomodar para nos sentir bem com o aplicativo da Bíblia Sagrada baixado no celular. Devemos plantar o nosso rosto nas páginas. É aquela verdade imutável que nos traz o que é verdadeiro a nosso respeito. Arrastamos todos os desejos até a luz, sejam eles errados ou inegavelmente certos. Levamos todas as dores, todos os suspiros e todos os "até quando, Senhor?" à sua presença onisciente, sem medo de rejeição, aversão ou retaliação.

Senhor, diante de ti
     estão todos os meus anseios;
  o meu suspiro não te é oculto (Salmos 38.9).

O coração sadio espalha todos os desejos na mesa aberta do diálogo divino.

*É este o meu anseio, Senhor...*

E, quando sabemos que esses desejos são errados ou nocivos, nós falamos sobre eles com igual liberdade e tentamos identificar a cama da necessidade por baixo do corpo do desejo. Em geral, quando derramo o meu coração diante de Deus em voz alta, ouço a minha boca dizer o que os meus pensamentos sozinhos jamais poderiam articular. A liberdade de expressão é o convite fundamental que é preso com fita, como um cartão de felicitações de aniversário, ao presente da nossa salvação. Jesus está sentado à direita de Deus intercedendo por nós como alguém que foi tentado de todas as maneiras imagináveis. Lá em sua presença, precisamos *ser* nós mesmas, não apenas nos *comportar* como nós mesmas. Não estamos ali presas ou forçadas. Estamos livres e somos ouvidas.

Quando o nosso rosto arder ao descobrirmos aquilo pelo que o nosso coração anseia, falaremos sobre o assunto abertamente diante de Jesus em vez de guardá-lo dentro de nós, onde ficará incubado no segredo escuro e quente e eclodirá em ação. Liberdade é dizer a Deus o que queremos desesperadamente. Confiança é pedir-lhe que mude o nosso querer, caso esse querer nos envenene caso consigamos realizá-los. Não permanecemos sentadas olhando para as nossas mãos vazias. Nós as abrimos, as estendemos e pedimos a ele que as encha com algo melhor.

> *Aumenta o meu encanto por ti, para que os meus desejos comecem a ser peneirados e mudados até se alinharem com aqueles que seguras firme para mim nas tuas mãos. O teu desejo tem a finalidade de abençoar-me profusamente, sem reter nada de mim. Tu és digno de confiança. Nunca reagirás à minha submissão total fazendo a minha alma morrer de fome e deixando-me vazia. Dá-me aquilo que desejas porque qualquer outra coisa que não seja isso terá o poder de me roubar.*

Algo sobrenatural irrompe dentro de nós e lava-nos quando começamos a querer o que o Espírito de Deus quer. Dê a isso o nome de unção. Começamos a experimentar a plenitude de João 10.10[3] que muitas pessoas citam, mas nenhuma é capaz de descrever adequadamente para nós. Os dons espirituais que mal haviam vindo à tona começam a avolumar-se. Essa alegria estranha começa a agitar-se dentro de nós. Rimos um pouco mais e preocupamo-nos um pouco menos porque "a mentalidade do Espírito é vida e paz" (Romanos 8.6). Começamos a gostar de pessoas que não suportávamos. Algumas pensarão que estamos estranhas, mas nos dirão na ocasião que se sentiram diferentes perto de nós, como se a vida não fosse um inferno vivo. A nossa vida começará a produzir fruto óbvio, e as outras pessoas serão afetadas, abençoadas e edificadas por Deus, e ninguém se surpreenderá mais que nós. Continuaremos a enfrentar problemas, dificuldades, decepções e perdas, mas não como se não houvesse esperança, não como se não houvesse propósito e não como se não houvesse poder. A vida continuará a fluir, mas fluirá com a bênção de Deus.

> Pois é Deus quem efetua em vocês tanto o querer quanto o realizar, de acordo com a boa vontade dele (Filipenses 2.13).

Nunca mais haverá regras que nos impeçam efetivamente de mergulhar de cabeça no pecado. Nas palavras de Colossenses 2.21, regras como: " 'Não manuseie!', 'Não prove!', 'Não toque!' " não nos impedem de pecar. "Essas regras têm, de fato, aparência de sabedoria, com sua pretensa religiosidade, falsa humildade e severidade com o corpo, mas não têm valor algum para refrear os impulsos da carne" (v. 23).

Isto é o que diminui mais efetivamente a nossa indulgência na carne: a nossa indulgência no Espírito. O Espírito de Cristo.[4]

---

[3] "O ladrão vem apenas para roubar, matar e destruir; eu vim para que tenham vida, e a tenham plenamente."

[4] Romanos 8.9.

Seja indulgente a todo custo. De fato, seja indulgente de acordo com a definição do *Merriam-Webster*.

**in-dulge** \ verbo[5]
**1a:** dar rédeas a
**b:** ter prazer irrestrito em: GRATIFICAR[6]

Vá em frente. Seja convidada de Cristo. Dê as rédeas a ele. Tenha prazer irrestrito nele. Jesus é infinito. Não há meios de exauri-lo. Não há meios de ligar a mangueira e deixar o poço seco. Não há meios de terminar em uma colossal confusão de codependência. Ele não é codependente. Amá-lo em primeiro lugar é amar melhor os outros. Você não pode vencer Jesus e perder, nem o perder e vencer. Sem ele, tudo mais é... bem, uma cheirada de rapé. Você pode até pensar que deseja cheirar rapé, porém mais cedo ou mais tarde terá de encontrar um lugar para cuspi-lo.

Enquanto andarmos na terra absorvendo todo tipo de coisa e respirando o ar poluído de um mundo pecaminoso, teremos no coração desejos que surgem da nossa natureza carnal ou do que as Escrituras chamam de a nossa carne.[7] Em algumas ocasiões, permaneceremos firmes; em outras, apagaremos o Espírito Santo, seguiremos aqueles desejos e cheiraremos todos os tipos de rapé.

No entanto, é isto o que estou dizendo: assim que formos envolvidas no deleite do desejo divino, nunca mais nos sentiremos satisfeitas sem ele. Se não corrermos de Jesus até que os calos no nosso coração sejam iguais aos calos nos nossos pés, sempre haveremos

---

5   Foi mantido o verbo *indulge* em inglês para explicar melhor o que autora quer dizer. [N. do T.]

6   MISH, Frederick C. (Ed.). **Merriam-Webster's Collegiate Dictionary**. Springfield, MA: Merriam-Webster, Inc., 2003. p. 637.

7   Romanos 8.6; Gálatas 5.17.

de querer voltar ao romantismo de Deus. Porque nada mais fará o mesmo. Sei disso por experiência própria. Estou muito longe de ter conseguido tudo isso, mas é o que prometo a você. O que provei e vi é o que mais quero neste mundo. Sim. Tenho outros desejos. Desejos contrários. Às vezes, desejos pecaminosos. Mas eles jamais me trarão o êxtase da conscientização de um segundo que, em algum lugar além do véu, Jesus sorri.

# CAPÍTULO 10

# *Você me perguntaria*

No final de 2001, um filme intitulado *Uma mente brilhante* apareceu nas marquises dos cinemas e, quinze meses depois, trilhava seu caminho no palco da 74ª edição da entrega de prêmios da Academia de Artes e Ciências Cinematográficas para receber o Oscar de melhor filme. O filme baseia-se na vida de John Nash, que recebeu o Prêmio Nobel de Economia e enfrentou terrível sofrimento durante toda a vida adulta lutando contra esquizofrenia paranoica. Nash é representado de maneira tão brilhante e refinada por Russel Crowe que o espectador é capaz de sentir nos próprios pulmões a respiração quente de sua sanidade à procura de ar.

Ou talvez tenha sido apenas eu que senti. Bem, e outras pessoas como eu, que amaram muito alguém com doença mental, ou que sentiram, da mesma forma que eu, o beijo frio da loucura bem perto dos próprios lábios, clamando por entrar em sua mente e por deixá-las perturbadas. Tive de me forçar a lembrar que, quando escrevo um livro como este, muitas mulheres não passaram pelo que passei nem viram o que eu vi. Existem pessoas que tiveram criação saudável, que trazem na memória decisões firmes e histórias que não as fazem andar cabisbaixas. Conheço algumas. Você pode ser uma delas.

Desejo desesperadamente essas coisas para a minha linhagem de parentesco. Todos enfrentaram dor, decepção, estresse e perturbação. Todos pecaram e, de uma forma ou de outra, pelo menos alguns se degradaram. Todos necessitam de um Salvador. Mas nem todos balançaram tão perigosamente à beira do precipício, a ponto de acordar até hoje suando frio por causa de pesadelos nos quais a rocha se abria. Nem todos fecharam os olhos com força no escuro da noite, apertando a Bíblia com força na testa, tentando parar de pensar na terrível probabilidade de que haviam chegado além do ponto de retorno e que podiam dar um beijo de adeus à sanidade.

A verdade era esta: eu não havia ultrapassado o ponto de retorno, nem você ultrapassou; caso contrário, não estaria empoleirada no outro lado desta página. Talvez você se sinta marcada por isso. Eu também. Mas isso não nos matou. Estamos aqui, você e eu. E Deus pode ter usado aquela fase para matar o lado destrutivo e carnal de nós que, com o passar do tempo, acabaria nos matando. O inimigo da nossa alma estava maldosamente determinado a convencer-me de que eu tinha, de fato, ido longe demais para retornar e recuar, e eu lhe dera ampla evidência para construir um invólucro vedado. Eu estava chegando aos 35 anos quando o meu passado chamou no exato momento em que o meu presente parecia tão insuportável que, se ele fosse o presságio do meu futuro, eu teria sido dolorosamente tentada a me proteger do sofrimento. A minha história tornou-se um falso profeta de cabelos revoltos, vestido de pano de saco e gritando em um alto-falante até ficar rouco: *Esta é quem você é, esta é quem você foi, esta é quem você sempre será.* O meu leve contato com a loucura não me enterraria a sete palmos sob margaridas adubadas nem me lançaria de um penhasco rumo a um abismo. Ao contrário, lançar-me-ia na prática médica da minha panaceia exclusiva. Em Apocalipse 1.8, Jesus diz que ele é "o Alfa e o Ômega [...] o que é, o que era e o que há de vir, o Todo-poderoso".

Exatamente o que você e eu precisamos fazer em conjunto neste planeta:

Aquele que *é*, por tudo aquilo que somos.
Aquele que *era*, por tudo aquilo que fomos.
Aquele que *há de vir*, por tudo aquilo que seremos.

Ele é *todo-poderoso*, as Escrituras dizem, sobre todas as coisas do presente, todas as coisas do passado e todas as coisas do futuro. A realidade é que eu não necessitei de uma dúzia de especialistas. O estetoscópio do Médico onipotente se esticaria lentamente para ouvir com cuidado cada batida do meu coração desde o nascimento até a morte. Para o meu tremendo espanto, nem eu nem o meu coração sofremos avarias.

A minha experiência com relação à enfermidade mental não foi um aprendizado mais profundo do que o que ocorreu dentro das paredes da minha mente, mas o caminho se estendeu por mais tempo. Por motivos que só Deus sabe, creio que eu estava predestinada a amar profundamente várias pessoas com a mente oscilando entre ferida e destruída. Não tenho dúvida de que essa duplicidade é um entre os muitos motivos que Deus usou para ter certeza de que eu enfrentaria com pavor a fragilidade da minha mente. É mais difícil julgar. Quando sou tentada a fazer isso, sussurro para mim mesma: *Menina, você poderia estar em uma pequena crise da loucura*. É o que geralmente acontece.

A vida é complicada, não? Como exemplo, podemos citar as complexidades de conviver com pessoas que sofrem determinadas doenças mentais. A pergunta nem sempre se aplica, mas, quando se aplica, até que ponto elas podem ser responsabilizadas pelo comportamento destrutivo que demonstram? Elas estão fazendo o melhor que podem ou usam isso de vez em quando para tirar vantagem dos outros? Você está, neste momento da pergunta, pecaminosamente insensível ou completamente exausta? Esses assuntos nem sempre estão claramente decididos e acertados. Os ângulos de quem sofre e de quem tolera fervilham de complicações.

Cada uma de nós possui variáveis próprias, mas, se eu gostasse de apostar, apostaria um bom dinheiro que você deseja que as coisas simplesmente fossem mais simples. As respostas poderiam ser mais diretas. Só o fato de lidar com hormônios pode ser um cálculo avançado. Some a isso os enteados ou, digamos, os pais idosos e as tentativas de controlar os medicamentos que eles tomam. Você poderia estar resolvendo a bagunça frustrante na sua conta bancária pelo fato de seu cartão de débito ter sido roubado. Talvez você tenha um filho cursando o terceiro ano que tenha dificuldades de aprendizado. Você é muito agradecida por ele não ter a vida ameaçada, mas, ó céus, a situação está ficando complicada.

Tome como exemplo o momento em que você está tentando confiar em alguém que implorou a sua confiança, mas você desconfia que há alguma coisa ocorrendo de novo pelas suas costas. Você sabe que pode estar imaginando coisas. Sabe também que não é perfeita. Gostaria de poder enxergar em preto e branco, mas há muita coisa com aparência escura e cinzenta. Ou talvez as suas maiores confusões não sejam pessoais, mas profissionais. Há pessoas maldosas agindo para a enlouquecer. Você não sabe quem é amigo ou inimigo. Todas as vezes que você se vira, sua empresa está sendo reestruturada, e qualquer ideia de trabalho em equipe se transformou em uma competição completamente destrutiva.

A situação não precisa estar muito complicada para que a sua alma implore por simplicidade. Por exemplo, você atualiza o seu celular e perde todos os seus contatos ou está tentando armazenar um milhão de senhas ou ainda tentando falar com uma pessoa na farmácia, mas quem está do outro lado da linha é um operador automatizado. Nada é fácil, nem mesmo encomendar frango frito em um *drive-thru* no caminho do trabalho para casa.

*Só o prato principal ou com acompanhamento?* Só o frango.

*Normal ou crocante?* Extracrocante.

*Tempero leve ou apimentado?* Ih, é muito apimentado? *Não muito.* Está bem, apimentado.

*Molho?* Sim.

*Que tipo?* Que tipos você tem? [Uma lista de vários.] Vou querer molho agridoce.

*Só isso? Esqueci de mencionar mostarda com mel. Vai querer?* Não, obrigada.

*Está bem, quantos?* [Confusão] Quantos o quê?

*Quantos molhos agridoces?* Bem, acho que quatro.

*Vai levar alguma bebida?* Não, só isso.

*Não vai querer nada para beber?* Não. Obrigada.

*Com toda essa pimenta?* Pensei que não fosse tão apimentado assim.

*Você vai precisar de um refrigerante. Vai levar um ou quer começar tudo de novo e mudar para tempero leve?* Não, não, não. Quero o apimentado.

*Que tipo de bebida você gostaria para acompanhar?* [Pausa] Um refrigerante.

*Diet ou normal?* Normal. [No caso, a forma *diet* seria um absurdo para acompanhar frango frito.]

*Que tamanho?* Sei lá, médio.

*Não quer uma com tamanho maior?* Não. A média serve.

*Dinheiro ou cartão?* Cartão.

*Débito ou crédito?*

No momento em que você se dirige ao primeiro guichê para pagar e ao segundo para receber o frango, já respondeu a mais perguntas que teria de responder para marcar um primeiro encontro *on-line*. Agora você gostaria de ter pedido o frango normal, não extracrocante, porque perdeu a vontade de mastigar.

Será que tudo neste mundo tem de ser complicado?

Na cena final de *Uma mente brilhante*, a câmera percorre uma plateia na penumbra, transportando rapidamente o olhar do espectador de um balcão com assentos enfileirados para o piso mais baixo e depois em direção ao palco. O aplauso vibrante da plateia soa como uma chuva pesada sobre um teto de zinco. Todos os assentos estão tomados, fileiras e fileiras de homens ilustres de *smoking* e de mulheres da nobreza trajando seus melhores vestidos. O filme passa-se em Estocolmo no ano 1994. A ocasião é a cerimônia de entrega do Prêmio Nobel. A lente da câmera foca em John Nash, o recebedor do prêmio, constrangido e avançado em idade, caminhando em direção à grande tribuna de madeira com debruns verdes. Seu discurso é breve e incisivo; o movimento de sua boca e o som de sua voz são feitos com esforço suficiente para livrar a plateia da conveniência de esquecer seu sofrimento.

Nas inúmeras vezes em que assisti a esse filme, não houve uma vez sequer que consegui ver a cena sem chorar. Se você está penando seriamente em rolar do sofá e cair em posição fetal, vai precisar realmente de uma música linda e inesquecível para começar a olhar ao redor na quarta fileira, como é feito no filme. Não temos o requinte da trilha sonora, mas talvez o breve monólogo ainda seja eficaz acompanhado de nada mais, nada menos que uma escrita simples. Mesmo assim, terei muita dificuldade para digitar o texto sem ficar na posição fetal. Em seu discurso no filme, o homem que recebeu o Prêmio Nobel de Economia, um gênio incontestável das fórmulas, diz estas palavras cadenciadas:

> Eu sempre acreditei em números e nas equações
> e lógicas que conduzem à razão.

Mas depois de uma vida inteira de tais buscas, pergunto:

"O que é mesmo lógica?"

"Quem decide a razão?"

A minha indagação levou-me a percorrer a física, a metafísica,

o delírio — e voltar.

E fiz a descoberta mais importante da minha carreira,

a descoberta mais importante da minha vida:

É somente nas equações misteriosas do amor

que se pode encontrar qualquer lógica ou razão.

Estou aqui nesta noite apenas por causa de você.[1]

O restante da plateia perde-se na sombra de um lindo rosto. É o rosto de uma esposa, igualmente avançado em anos, que percorreu a jornada terrível ao lado dele. E, diante daquela plateia auspiciosa, ele se dirige apenas a ela com duas declarações finais.

> *Você é a razão do que sou.*
> *Você é toda a minha razão.*

Choro como um bebê durante essa cena por causa de sua ternura óbvia. A história de Nash, conforme retratada nesse filme, torna-se uma ilustração profunda da superação dos monstruosos obstáculos e das raras pessoas que possuem a força e a sustentação necessárias para se manterem firmes depois do impensável e para darem sua contribuição a este mundo conturbado. Essas coisas se impregnam em mim até o ponto de me deixarem encharcada. Mas o que quase me faz submergir é a intensidade extraordinária de qualquer jornada que leve a pessoa a ponto de dizer à outra com certeza inabalável: "Você é toda a minha razão". Quantas razões

---

[1] Extraído do filme *Uma mente brilhante*, roteiro de Akiva Goldsman.

foram levadas pela água como as palavras escritas na areia molhada para alguém ser capaz de gravar essa afirmação em concreto? Em outras palavras:

> *Você é a única razão para eu ter conseguido. Só você.*
> *Neste momento, no último inverno desta vida*
> *brutal e bela, você é toda a minha razão.*

Isso me mata.

Neste momento, na crosta deste planeta em que a nossa vida balança como um pêndulo entre o complicado e o catastrófico, de vez em quando algo simples acontece. *As equações misteriosas do amor,* diz o ator que interpreta Nash. Esse amor divino que estamos ruminando durante nove sólidos capítulos é certamente misterioso. Não pode deixar de ser. Seu Capitão é. Mas a equação que parece razoável a uma vida mortal cativa a esse amor divino e misterioso não é nem um pouco complicada.

Peça por ela.

Só isso.

Gastei milhares de palavras para finalmente chegar a esta frase curta: Peça por ela.

Existe algo que tocou você ao virar estas páginas? Algo que estava adormecido começou a contorcer-se? Alguma parte de você está pensando que talvez uma pequena aventura não fosse tão má assim? Alguém com alguma carência está pensando que pelo menos vale a pena ver se um amor audacioso e ardente que dura uma vida inteira poderia ser o elo? Cada uma de nós está à procura *disso.* É a essência dos contos de fadas. Aquela pessoa que faz isso completamente para nós. Algumas mulheres conseguiram realizar seu sonho e aceitaram a versão em carne e osso *disso.* Eu ficaria arrasada se você me entendesse mal a ponto de minimizar o presente de valor incalculável desse tipo de amor e satisfação. Você seria abundantemente abençoada se pudesse ficar diante de um microfone e confessar com sinceridade exagerada diante de milhares de pessoas:

*Você é a razão do que sou.*

Tenho em Keith Moore um homem extremamente bom. Ele é o único homem deste mundo para mim. Atravessamos tempos aos quais não deveríamos ter sobrevivido. Escolhemos nos apaixonar de novo centenas de vezes. Rimos tão alto a ponto de nos sufocarmos. Dançamos como dois bobos na cozinha enquanto a carne assada no forno solta fumaça. Mas nem sempre pude ajudá-lo e nem sempre ele pôde me ajudar. Em outras ocasiões pudemos, mas não quisemos. Sabíamos que o outro necessitava realmente de nós e, assim, em vez de ajudar, não ajudamos. Tratava-se de poder. Quase não fazemos mais essas coisas, mas ainda somos criaturas com predileções inatas. De vez em quando um de nós quer ir ao cinema (acredite ou não, Keith), enquanto o outro implora para alugar um filme e vê-lo em casa. Um de nós está com vontade de falar, enquanto o outro está aborrecido. Às vezes ficamos na defensiva quando um de nós gasta dinheiro demais e ficamos irritados todas as vezes que chega a hora de pagar os impostos. Um de nós é conhecido por deixar batatas fritas e molho aberto na mesa de café a noite inteira para que o outro recolha de manhã quando se levantar. Mas não vou dizer quem é. E isso é normal.

No entanto, você e eu não levantamos toda essa poeira por uma coisa normal. Podemos fazer o que é normal sozinhas. Estamos falando sobre um amor extraordinário, lembra? Supremamente sobrenatural. Estamos falando sobre ser arrebatadas por *alguém* de quem você não se cansa e de quem não pode fugir. *Alguém* que ainda a chama de bela em seus momentos de maior feiura e a levanta do chão. *Alguém* que não precisa se esforçar para lhe perdoar.

*Alguém* que não mantém um registro de erros. *Alguém* que não precisa fazer terapia para permanecer com você. Estamos falando sobre despertar para uma aceitação sincera a Deus de que somos audaciosamente amadas e sobre convocar a audácia de amá-lo com toda a coragem. *Essa*, creio de todo o meu coração, é a descoberta mais importante da nossa vida. A parte mais louca é que não é difícil conseguir.

*Peça por ela.*

Lembra-se do início do capítulo 2, quando mencionei a história de Jesus e a samaritana em João 4? Concentramo-nos em uma frase poderosa que Jesus disse à mulher incauta que queria muito preencher seu vazio:

*"Se você conhecesse [...]".*

Se houve muitas coisas na sua vida desde aquele capítulo, não se preocupe. Acontece que eu ainda tenho aquele texto à mão. Leia-o novamente.

Havia ali o poço de Jacó. Jesus, cansado da viagem, sentou-se à beira do poço. Isto se deu por volta do meio-dia.

Nisso veio uma mulher samaritana tirar água. Disse-lhe Jesus: "Dê-me um pouco de água". (Os seus discípulos tinham ido à cidade comprar comida.)

A mulher samaritana lhe perguntou: "Como o senhor, sendo judeu, pede a mim, uma samaritana, água para beber?" (Pois os judeus não se dão bem com os samaritanos.)

Jesus lhe respondeu: "Se você conhecesse o dom de Deus e quem está pedindo água, você lhe teria pedido e dele receberia água viva" (João 4.6-10).

Você entendeu as quatro palavras que complementam a frase "Se você conhecesse..."?

*"Você lhe teria pedido..."*

Medite nessas quatro palavras até assimilá-las totalmente. Para algumas mulheres, o conceito espiritual poderia ser algo totalmente novo. Para outras, é tão conhecido que elas já se sentem tentadas a brilhar como um *donut* que acabou de ser frito. Se você for assim, tome um café expresso com aquele *donut*, permaneça alerta e junte as duas frases:

*"Se você conhecesse [...] você lhe teria pedido [...]".*

Essas duas frases se aplicariam a tudo a que Jesus nos dá livre acesso e insiste nas Escrituras para que recebamos. Para nós, no contexto deste livro, elas podem significar mais ou menos isto:

Se você conhecesse o dom que poderia receber de Deus e a satisfação arrebatadora de seu Espírito dentro de você...

Se você conhecesse como este relacionamento poderia ser e como ele ama você intrepidamente e a busca continuamente...

Se você conhecesse como ele poderia dar a você vida plena e o dom da vida, usá-la e redimir tudo o que você tem enfrentado...

Se você conhecesse a vida para a qual nasceu e como os seus problemas valeriam a pena...

Se você conhecesse o poder transformador do amor divino recebido e retribuído...

Se você conhecesse como poderia ser corajosa se andasse com ele...

*Você lhe teria pedido...*

Todas as suas perguntas seriam perda de tempo e poeira ao vento sem as quatro palavras gloriosas que se seguem em João 4.10.

*Ele lhe teria dado.*

Esses grupos de palavras naquela única afirmação de Jesus formam uma equação com uma relação entre massa e energia capaz de envergonhar a equação $E = mc2$ de Einstein.

*Se você conhecesse + você lhe teria pedido = ele lhe teria dado*

A equação é tão simples que, em algum lugar no nosso sistema de crenças, não percebemos sequer como isso funcionaria. É quase o mesmo que acreditar que Papai Noel é capaz de descer pela chaminé com sua barriga enorme, não enroscar a barba em um ninho de passarinho e nos deixar os mesmos presentes que pedimos nas cartas que enviamos ao Polo Norte. Se vivêssemos na fé por uns tempos, poderíamos acreditar firmemente que Jesus salva e que vamos para o céu quando morrermos, mas somos propensas a deixar o assunto de *basta pedir* para os novos cristãos que necessitam de incentivos extras. Podemos até pensar que *pedir* não funciona, porque aprendemos pelo modo mais difícil. De uma forma ou outra, aperfeiçoamos a nossa maneira de esperar outra coisa que não seja vida após a morte. Há, porém, um pormenor: a equação *funciona*. É certo que funciona. Não importa o que os outros nos tenham dito ou o que dissemos a nós mesmas com base nos nossos cálculos. É isto o que as Escrituras dizem, palavra por palavra:

> Esta é a confiança que temos ao nos aproximarmos de Deus: se pedirmos alguma coisa de acordo com a vontade de Deus, ele nos ouvirá. E se sabemos que ele nos ouve em tudo o que pedimos, sabemos que temos o que dele pedimos (1João 5.14,15).

Eu sei o que diria neste momento se você e eu pudéssemos trocar de lugar e eu estivesse com vontade de discutir. "Está vendo? É uma pergunta capciosa! Para ter o que você pede, é preciso pedir *de acordo com a vontade dele*, e quem neste mundo de Deus sabe qual é essa vontade?"

Boa pergunta. Às vezes, não sabemos sinceramente qual é a vontade de Deus. Pensamos que sabemos. Oramos como se soubéssemos — e as nossas esperanças não se concretizam. Esta, porém, não é uma daquelas vezes em que a vontade de Deus é misteriosa. Leia com um olhar renovado Marcos 12.28-30.

> Um dos mestres da lei aproximou-se e os ouviu discutindo. Notando que Jesus lhes dera uma boa resposta, perguntou-lhe: "De todos os mandamentos, qual é o mais importante?"
>
> Respondeu Jesus: "O mais importante é este: 'Ouça, ó Israel, o Senhor, o nosso Deus, o Senhor é o único Senhor. Ame o Senhor, o seu Deus, de todo o seu coração, de toda a sua alma, de todo o seu entendimento e de todas as suas forças' ".

Deus, cuja soberania é maior que todo o Universo, deseja apenas que você e eu o amemos com cada partícula dentro de nós. Não existe nada mais inexorável e indiscutível que a vontade de Deus para a nossa vida. É uma prioridade incontestável para ele. O resto vem em segundo lugar, na melhor das hipóteses.

O eixo da nossa perspectiva muda drasticamente quando sabemos, sem sombra de dúvida, que estamos perfeitamente alinhadas, pedindo algo a Deus que ele está mais ansioso por dar do que nós estamos por receber.

> Esta é confiança que temos ao nos aproximarmos de Deus [...] (1João 5.14).

A confiança na oração muda tudo: o nosso tom de voz, as palavras que escolhemos, a nossa postura, a nossa paixão, a presença da alegria. Olhamos para o céu como cristãs verdadeiras naquilo que estamos pedindo, não apenas como pedintes apologéticas, mendigando a um Deus circunspecto com os bolsos fechados. Aproximamo-nos dele cheias de fé inabalável de que vamos receber o amor audacioso que pedimos porque esse é o desejo do Deus supremo para o homem. *E para a mulher.* Levamos esse pedido a seu trono sem pensamentos negativos de que ele não fará o que for necessário. Não nos preparamos para uma decepção. Começamos a pedir com expectativa vibrante porque o fato de receber é tão certo quanto o fato de pedir. Esse dom de confiança significa que, com o primeiro suspiro, pedimos a ele — e, com o segundo, nós lhe agradecemos. Comece desde o princípio. Exagere no seu agradecimento. Você pode até dar uns passos de sapateado, se gostar disso. Ou, se gostar de correr, corra a toda velocidade no vento com sincera gratidão. Por amor a Deus, faça alguma coisa. Mostre-lhe entusiasmo. Ele vai adorar.

Porque a verdade é esta: nenhuma de vocês, seja qual for o seu nível de instrução, as suas condições de vida, os seus relacionamentos ou a sua religião, será rejeitada. Cada uma de vocês que pedir sinceramente a Deus um amor corajoso e recíproco por Jesus, marcado por originalidade e verve, vai recebê-lo. É fato consumado. E você continuará a pedir pelo resto da sua vida. Observe os tempos de verbo expressos com perfeição na versão *Holman Christian Standard Bible*:

> "Continuem a pedir, e vocês receberão. Continuem a buscar, e encontrarão. Continuem a bater, e a porta será aberta. Porque todo aquele que pede, recebe; aquele que busca, encontra e àquele que bate, a porta será aberta" (Mateus 7.7,8, tradução livre).

Sou positiva e creio que a equação funciona porque Deus promete em sua Palavra que ela funciona. Sei também, por experiência, que a equação funciona. Quando eu tinha perto de 30 anos, fiquei boquiaberta ao ver uma pessoa que amava Deus e sua Palavra de uma forma que nunca vi durante todo o tempo em que frequentei igreja. Ele era ex-jogador de futebol, alto e imponente e quase tão bronco quanto a largura de seu corpo. Nada além de músculos fortes. E, às vezes, quando ele ensinava, sua voz embargava e seus olhos se enchiam de lágrimas por amor pelo Salvador e pelas Escrituras. Aquilo me deixava estarrecida. Um dia, depois da aula, corri para o meu carro e bati a porta com força. Irrompi em lágrimas e bradei ao Senhor: "Não sei o que é aquilo, mas eu também quero!". A resposta de Deus não soou de modo audível, claro, nem em uma exata sucessão de palavras, mas ribombou na minha alma de tal forma que não tive problema em traduzi-las.

*Peça a mim. Ore pelo que deseja. Busque com tudo o que há em você.*
*E pelo resto dos seus dias.*

Comecei naquele dia, naquele instante, sem saber exatamente como definir o amor intrépido por Jesus que vira naquele homem, nem que efeito teria sobre mim. Pedi de novo naquela manhã. O pedido mais repetitivo que tenho feito a Jesus durante três sólidas décadas é este: *Dá-me um coração que te ame mais que tudo o que sou capaz de ver ou tocar. Concede-me amor por ti, Jesus. É o que mais desejo neste mundo. Quero que sejas o desejo inspirador da minha vida.* Se um dia eu me encontrasse casualmente com você em um aeroporto, em um café, na igreja ou em um estudo bíblico e você me perguntasse pelo que deveria orar por mim, eu repetiria esta única frase acima de todas as outras: *Ore para que eu ame Jesus e consiga atravessar aquela linha de chegada, sentindo-me mais atraída por ele que por qualquer outra coisa neste mundo.*

Escrevo estas palavras com as lágrimas quentes brotando nos meus olhos: fiz coisas dolorosamente tolas na minha vida e tomei um punhado de decisões infelizes e patéticas. A maior parte do meu progresso no caminho espiritual ocorreu em meio a quedas, passos em falso e tropeções. Apesar de todos os meus fracassos e fraquezas, Deus, em sua graça incomensurável, concedeu-me e continua a conceder-me o pedido principal que ele plantou no meu coração tantos anos atrás. Essa única coisa, esse amor, esse desejo singular e inspirador — originado, abastecido e monopolizado pelo Espírito Santo — tem alimentado toda a disciplina espiritual, cada segundo de dedicação e o mais remoto sinal de obediência à vontade de Deus que consegui juntar até hoje. Tentei ser uma boa garota quando tinha 20 e poucos anos, querendo ser produtiva para deixar Deus feliz. Naquela noite, quando bati a porta do carro e clamei a Deus para que me desse o que aquele homem possuía, não importava o que fosse, algo glorioso irrompeu. Deus permitiu que a Paixão saísse daquele portão como um cavalo Red Bull em disparada. Eu ainda teria muitos problemas pela frente como todos nós temos, porém nunca mais a minha devoção seria motivada por obrigação. Eu havia provado algo indispensável pelo resto da vida.

Quando Jesus respondeu à pergunta do mestre da lei a respeito do mais importante de todos os mandamentos, ele forneceu a cada leitor bem-intencionado o único segredo que abriria todos os tesouros, e sabia muito bem disso. Foi assim que Deus ordenou. O amor em si não teria o poder de fazer a vida funcionar. Quando a minha vida está dolorosa demais, essa única coisa continua a ser a motivação para eu viver: há trinta anos vivo presa a um amor sagrado do qual nunca mais quero me libertar. É isso o que desejo para as minhas filhas. E é isso o que desejo para os meus netos. Tenho certeza de que todos seguirão Jesus se o coração deles não resistir a isso.

Nos últimos capítulos, insistimos no ponto de que, a não ser em casos de sobrevivência, *querer* é um motivador muito mais poderoso que *precisar*. Tenha certeza disto: nós, humanos, desejamos mais aquilo que mais amamos. É simples assim. Se você amar Jesus audaciosamente, buscará Jesus audaciosamente. Se servir a Jesus audaciosamente, mostrará Jesus audaciosamente às pessoas que ainda não o conhecem. Você navegará audaciosamente em mares revoltos para cumprir seu chamado sagrado. Não será capaz de se conter. Vai querer viver e acordar na companhia dele porque você deseja automaticamente quem a ama. Veja bem, não estou tentando pôr palavras na sua boca. Você tem o privilégio de ser livre para dizer o que quiser e orar da maneira que quiser, mas, para quem deseja dar o pontapé inicial, apresento a seguir uma oração de nove palavras que poderão ser ditas a Jesus neste segundo e que transformarão completamente o seu "eu" lindo e espetacular, de dentro para fora:

*Quero que sejas o desejo motivador da minha vida.*

Ali você encontrará Jesus. E, um dia, quando a sua vida estiver perto do fim, depois de ter agradecido a cada ser humano por tudo o que ele significou na sua jornada, você será capaz de fechar os olhos na direção de Jesus e dizer a ele com uma certeza tão forte a ponto de poder derrubar uma casa inteira.

*Tu és a razão do que sou.*
*Tu és toda a minha razão.*

# Capítulo 11

# Um amor para todos os amores

Quando nos mudamos de uma casa na qual moramos durante vinte e sete anos, somos propensas a reviver todos os vinte e sete anos, mesmo aqueles que não gostaríamos de reviver. Não revivemos os anos na sequência, claro. Nós os revivemos em amontoados desconexos que tiramos do quarto escuro no qual as lâmpadas nunca se acendem e os anjos temem pisar: o sótão. O sótão é o purgatório domiciliar, o lugar reservado no qual pessoas como eu colocam sacos pesados e cheios de tralhas que queremos tirar do caminho, mas não podemos jogar fora. Você tampouco coloca etiquetas nos sacos e não saberá o que há dentro deles depois de mais de vinte anos quando estiver preparando a mudança. Você é forçada a vasculhar cada um deles, temendo jogar fora a fivela de cabelo que sua tia-avó deixou para você. De repente, no meio das bonecas de pano e dos bichinhos de pelúcia das suas filhas, você é premiada: encontra o esqueleto de um rato.

Declarei a Keith que ele nunca me tiraria da nossa casa onde moramos por tantos anos. Lá criamos as nossas filhas andando em carrinhos de bebê, depois em velocípedes e bicicletas, até terem um carro próprio na garagem. Da janela da cozinha eu as via jogando basquete na entrada dos carros enquanto colocava as louças na lavadora.

Espiava furtivamente cada uma das minhas filhas pelas persianas estreitas da sala de leitura quando elas chegavam em casa com o namorado, para saber se estavam se beijando. Se permanecessem no carro por um tempo desconfortavelmente longo e eu percebesse um beijo muito demorado, Keith e eu abríamos as persianas, ficávamos bem em frente à janela e nos beijávamos como artistas de cinema. Aquilo em geral os fazia interromper o beijo.

Enterramos no quintal os cães que moraram conosco por muitos anos. O rosto escuro e peludo deles transformou-se em uma neve branca e continuamos a amá-los como se não houvesse amanhã. Eu não abandonaria aqueles túmulos de jeito nenhum. Tivemos os mesmos ótimos vizinhos durante décadas que ficaram levemente amedrontados com o tipo de trabalho que eu realizava, mas continuaram a nos amar assim mesmo e permitiam que seus filhos brincassem com as nossas filhas. Certa vez, quando o homem da carrocinha quis recolher um dos nossos cães que havia fugido do quintal, a minha vizinha lhe disse que a proprietária do animal estava trabalhando em um serviço religioso e que, se ele se atrevesse a levar o cão, uma terrível maldição lhe cairia sobre a cabeça. Não preciso dizer que ele deixou o cão em paz e saiu de lá apressado. Vizinhos como esses não podem ser substituídos. Eles nunca reclamaram pelo fato de Keith amarrar chifres reais de veado nas renas feitas com fios iluminados, que colocamos no jardim todos os Natais.

Eu dizia tudo isso a Keith todas as vezes que ele levantava o assunto sobre mudar de casa. Eu começava a citar coisas sentimentais e, quando ele parecia não se comover, eu atingia seu ponto fraco: "Você terá de limpar o sótão". Repeti diversas vezes que a única maneira de lidar com aquele sótão seria acendermos um fósforo e atear fogo, e que eu não tinha certeza se os corpos dos técnicos de conserto do ar-condicionado da década de 1980 seriam descobertos lá, secos e esturricados. "Você quer mesmo correr esse risco?", eu perguntava, exigindo uma resposta.

De fato, Keith limpou o sótão.

Ele contratou uma empresa especializada em retirar entulhos e pediu que deixassem uma caçamba enorme na entrada da nossa casa e fossem buscá-la uma semana depois. Tive a certeza, então, de que a mudança seria inevitável. Fiquei feliz porque não podia ver os vizinhos por causa da caçamba. Mas, a cada retirada de mais ou menos 20 sacos de lixo, houve um fato que valeu a pena: os gritos por causa das baratas correndo de um lado para o outro. Um dia, sentei-me no chão da sala de leitura com uma pilha de papéis de 15 centímetros de altura e vários centímetros de largura, datadas da época do nascimento das minhas filhas. Tratava-se de palestras que eu havia feito quando era jovem. Todas as páginas estavam marcadas com muitos pontos de exclamação e todas as mensagens — sem exceção — terminavam com uma seleção de poesias. Não posso deixar de dizer que cada uma daquelas poesias especiais foi composta por mim. Escrevi muitos poemas para todas as ocasiões possíveis, inclusive para o Quatro de Julho.[1] O único que apareceu com maior frequência foi um poema comovente no qual incluí o nome de todas as novelas que passavam durante o dia na televisão. Por que uma palestrante cristã respeitada não poderia pôr em uso um título como *One Life to Live* [Uma vida para ser vivida]?[2] Em um mundo ideal, alguém me teria amado o suficiente para sussurrar três palavras mágicas ao meu ouvido: Helen Steiner Rice.[3] Infelizmente, este não é um mundo ideal e, se você quiser saber se é verdade, tenho alguns poemas para você ler.

---

[1]  Dia da independência dos Estados Unidos. [N. do T.]

[2]  Novela americana exibida nos Estados Unidos por mais de quarenta anos. [N. do T.]

[3]  Autora americana de poesias religiosas e inspiradoras (1900-1981). [N. do T.]

Encontrei um número razoável de páginas mimeografadas na pilha; eu as havia imprimido para as igrejas que entrassem em contato comigo como provável palestrante para suas reuniões femininas. Cada folha idêntica era uma seleção de 12 títulos de mensagens que eu havia apresentado, acompanhadas de uma breve descrição, datilografadas por mim em uma página de rápida resposta à inevitável pergunta: "Quais são os tópicos da sua palestra?". Não demorou muito para eu entender que, quanto mais tópicos eu mencionasse, mais probabilidades teria, portanto procurei aumentar a lista. Daí, os 12 títulos.

A maioria das perguntas naquela época dizia respeito a almoços ou jantares que ocorriam em salões de confraternização e incluíam um desfile de modas feminino exibindo uma modéstia tão inquestionável que as coleções não passavam de irritantes. A palestrante era convidada para transmitir uma palavra de inspiração no final do evento, enquanto as mulheres comiam a sobremesa. Se você for observadora, gostará de saber que a sobremesa não passava de cerejas frescas sobre um prato de papel branco, enfeitadas com cobertura não láctea, que mantinha durante horas a fio o formato perfeito da colher de servir o alimento.

Uma vez que eu estava dando aulas de aeróbica na quadra esportiva da minha igreja, qual seria, entre os 12 títulos disponíveis, mais adequado para uma mensagem sobre o condicionamento físico do cristão do que *Feito para um rei?* Algumas coisas são fáceis de ser entendidas. Para que ninguém pense que as polainas de lã indicavam falta de profundidade, o próximo título era *O servo vendido*. Tenho certeza de que essa mensagem sugeria que, se você não lecionasse na escola bíblica de férias ou pelo menos não fizesse parte do coral de sinos da igreja, estaria correndo o sério risco de ir — bom — para um lugar longínquo, bem ao sul do céu e com temperatura altíssima. Aquele seminário edificante precedeu claramente a surra sagrada que me proporcionaria graça.

Nenhum dos outros títulos da minha seleção causou tanto espanto quanto este: *Os muitos chapéus de Deus*. A descrição prometia uma mensagem comovente dos muitos papéis que Deus representa na vida do cristão. Embora eu tivesse sufocado a lembrança a fim de sobreviver a uma história de sentimentalismo crônico, tive quase certeza de ir em frente com os chapéus. Tudo por Jesus. Vários dias depois no restaurante mexicano do nosso bairro, forcei-me a desviar os olhos de um enorme *sombrero* pendurado na parede da nossa cabina. Durante uma semana inteira, não consegui deixar de ver a imagem de Jesus usando um chapéu como aquele.

Enquanto vasculhava vinte e sete anos de lixo à procura de tesouros, encontrei uma caixa vermelha de camisa, fechada com fita adesiva e as palavras *Lembranças de Beth* manuscritas com caneta preta porosa quando eu era uma jovem adulta. Dentro, encontrei coisas como certificado de professora que recebi do Estado do Texas depois de me formar na faculdade e atender aos requisitos para lecionar ciência política e inglês no ensino médio. Descobri uma fotografia da minha classe no primeiro ano e a evidência incontestável de que eu tinha cabelos compridos e volumosos. Encontrei também um cartão de Keith. Colecionei pilhas deles ao longo dos anos, mas aquele único estava sozinho na caixa vermelha e por um motivo bom e compreensível. Foi o primeiro cartão que Keith me deu e não desgrudei os olhos dele durante décadas. Ele me deu o cartão logo depois que começamos a namorar no fim do trimestre de outono do nosso terceiro ano na faculdade.

Você sabe como é. Se já teve a mais remota ideia de que um relacionamento vai dar certo, você guarda a primeira correspondência da sua vida. Se for uma mensagem de texto, tira uma foto da tela. Claro, se perceber que a pessoa é desprezível, você joga a correspondência no lixo depois de andar furiosamente com ela por aí e falar dela obsessivamente. Mas, se o relacionamento for adiante, você olhará para ela e fará um movimento afirmativo com a cabeça, reconhecendo na clareza da percepção tardia que, escondido em algum lugar naquela reciprocidade inicial, havia uma pista do que aconteceria.

O estilo do primeiro cartão de Keith era antigo, da década de 1970, com tons de roxo claro dentro de um invólucro de celofane, mostrando um casal jovem na praia, um nos braços do outro, ambos trajando calça *jeans* boca de sino. O mar ao fundo era cristalino e sereno, e o amor poderoso estava de bem com o mundo. Uma brisa suave agitava os cabelos do casal, mas apenas o suficiente para desmanchar uma boa e sólida camada de laquê. O sol estava se pondo no horizonte atrás deles como se tivesse nascido naquela manhã somente para os dois. Era um simples ator na história maior de ambos. Um feixe luminoso vívido daquela bola de fogo borrifava seus raios de luz logo abaixo dos lábios do casal, transformando a silhueta deles em um beijo interminável. Três palavras apareciam no cartão, escritas com letras cursivas, brancas e românticas contra um céu de tonalidade arroxeada acima deles:

**EU ME ARREPENDO...**

Perfeito. Curvei o corpo e joguei-me ao chão, rindo. Eu não tinha ideia do que Keith havia feito, mas tenho certeza de que não foi a última vez. Não existe uma expressão no mundo com maior capacidade de descrever um relacionamento que se desenrolaria ao longo de dias, semanas, meses, temporadas, anos e décadas. Graças a Deus por essas palavras. Nós dois a usamos exaustivamente.

A paridade dos nossos copiosos problemas deu origem a uma imensidão de apologias. Se ter sido molestada não foi suficiente para destruir os meus relacionamentos, também cresci em um ambiente de acentuada instabilidade. Cheguei a acreditar que os efeitos dessa instabilidade de longo prazo competiam com aquele abuso de curto prazo. O medo era para mim como a pele é para os ossos. Keith, por outro lado, tinha trauma, tragédia e perda devastadora pesando-lhe nos ombros como se fossem gigantes monstruosos. Ele conseguiu sobreviver milagrosamente a um incêndio em casa que ceifou a vida de seu irmão mais velho. Ambos tinham menos de 5 anos e estavam brincando juntos na garagem quando uma lata de gasolina tombou perto do aquecedor de água. As chamas deixaram na alma de Keith cicatrizes muito mais profundas do que as que marcaram suas pernas. A casa deles foi envolvida por uma grossa fumaça de tristeza que continuou a sufocá-los durante muito tempo depois que o fogo foi extinto. Eles buscaram ajuda e se esforçaram muito para se recompor quando um fato inimaginável aconteceu. A irmã caçula de Keith morreu de aneurisma quando tinha 20 e poucos anos. Aquilo quase destruiu todos nós.

Keith e eu não tivemos o necessário para viver bem. Nós dois passamos por muitos sofrimentos e muitas necessidades. Os outros relacionamentos próximos que tive na vida não deveriam ter sido saudáveis nem prazerosos também. Mas alguns foram. Keith tem sua história de como conseguiu vencer e do que Deus usou para enriquecer sua pobre alma, mas estou contando a você a minha história em cada página que você está virando deste livro. Correr atrás de Jesus Cristo com os pés descalços do amor audacioso deixou a minha vida ofegante em todos os outros relacionamentos decentes que tive. Não foi roubado deles. Apenas os poupou. Só Jesus me impede de transformar mortais em deuses. Só Jesus supre o que tenho tentado, sem sucesso, extrair de outras inumeráveis pessoas.

Se eu estivesse sentada do outro lado deste livro e este conceito fosse novo para mim, o meu primeiro medo teria sido de como um relacionamento ardente com Jesus teria afetado os meus outros relacionamentos. O que, afinal, um relacionamento com Deus, que se torna mais verdadeiro para você do que qualquer outra coisa que você viu ou tocou, faz às pessoas dentro de seu raio de ação? Será que a matemática básica diria a você que o fato de pôr todas as coisas em um só lugar as subtrai de todas as outras?

Quem já não viu um bom amigo apaixonar-se perdidamente sem querer saber de mais ninguém? Aparentemente, nada mais interessava a ele, inclusive você. Todos os outros relacionamentos foram sacrificados como pombos comuns no altar ardente do novo relacionamento. Mesmo que o romance tenha sido tão ardente a ponto de logo estar totalmente queimado, as amizades que permanecem em banho-maria não são mais as mesmas. Todos nós nos ressentimos de amores que nos substituem ou nos descartam.

No entanto, a afeição divina é totalmente diferente. Ela não subtrai outros amores. Supre-os. Não os deprecia. Dá-lhes a correta dignidade e lugar respeitável. Quando nos chamou para amá-lo com tudo o que há em nós, Deus sabia que não poderíamos viver sem ele. Sabia que ele próprio teria de proporcionar a afeição para vê-la sempre retribuída. Por isso, "a esperança não nos decepciona, porque Deus derramou seu amor em nossos corações, por meio do Espírito Santo que ele nos concedeu" (Romanos 5.5). Quando Deus ordenou que o maior amor do coração humano fosse direcionado unicamente a ele, não foi para guardá-lo só para si. Ele queria santificá-lo e multiplicá-lo. A nossa afeição por ele salta alto como uma fonte que é filtrada por seus dedos e depois espirra límpida sobre os que nos rodeiam.

Você viu esse segmento numerosas vezes ao longo destes onze capítulos, mas dê uma última olhada no mandamento adicional que consolida o nosso argumento:

> Um dos mestres da lei aproximou-se e os ouviu discutindo. Notando que Jesus lhes dera uma boa resposta, perguntou-lhe: "De todos os mandamentos, qual é o mais importante?"

Respondeu Jesus: "O mais importante é este: 'Ouça, ó Israel, o Senhor, o nosso Deus, o Senhor, é o único Senhor. Ame o Senhor, o seu Deus, de todo o seu coração, de toda a sua alma, de todo o seu entendimento e de todas as suas forças'. O segundo é este: 'Ame o seu próximo como a si mesmo'. Não existe mandamento maior do que estes" (Marcos 12.28-31).

A tendência da nossa natureza humana — na melhor das hipóteses — é inverter a ordem e transformar o segundo mandamento em primeiro e o primeiro mandamento em segundo. Em outras palavras, primeiro ame aqueles que você pode ver, depois ame aqueles que não pode ver. Parece perfeitamente razoável, mas, ao trocar os lugares, obstruímos a fonte e jogamos fora o filtro. A ironia é que o segundo mandamento mais importante não pode trocar de lugar com o primeiro sem roubar a si próprio. Amar mais Deus nunca é amar menos o próximo. É amar melhor o próximo. É aliviá-lo da responsabilidade de ser o seu falso Cristo. É permitir que os pecados do nosso próximo sejam perdoados e que os seus pecados contra ele sejam desconsiderados. É protegê-lo das nossas tendências humanas cruéis de reagir à decepção com castigo. É impedir que as pessoas cortem os pulsos nas lâminas afiadas das nossas inseguranças. É tirar o fio da navalha do nosso grande desejo de sermos adorados. É desatar os nós duplos da codependência. É permitir que as afirmações dos outros sejam o transbordamento, não a fonte essencial da nossa sobrevivência emocional. Amar Deus é proteger o homem.

A afeição divina é uma fonte infinita com capacidade de regar cada centímetro de chão que a sua vida é capaz de cobrir. Ela a capacita a amar alguém que você não consegue amar e a apreciar alguém que você não consegue apreciar — e não porque Deus a faz ter catarata nos dois olhos para a impedir de ver o que leva você à loucura. O amor de Deus não é cego. O amor divino derramado no coração humano anima, dá entendimento e discernimento.[4] Não é limitado, mas não é também facilmente enganado. O verdadeiro amor vê. Você ajusta a sua visão com um foco a *laser* em Cristo e, de repente, a sua visão periférica se escancara e, lá, olhando diretamente adiante, você tem um vislumbre do panorama total.

> Pois em ti está a fonte da vida;
> graças à tua luz, vemos a luz (Salmos 36.9).

O segredo é este: você finca os pés em uma terra com essas maravilhas somente no outro lado da fé. Somos chamadas por Jesus para arriscar tudo o que temos e tudo o que somos nesse único amor supremo, considerando "tudo como perda, comparado com a suprema grandeza do conhecimento de Cristo".[5] Somente depois do risco é que descobrimos a recompensa: com Jesus, vem tudo mais de valor insuperável. Em Mateus 6.33, Jesus deu voz a uma promessa que devemos apertar com firmeza contra o nosso coração acelerado quando tivermos medo do que poderíamos perder:

> "Busquem, pois, em primeiro lugar o Reino de Deus e a sua justiça, e todas essas coisas serão acrescentadas a vocês".

Para fixar esse conceito a este capítulo com palavras mais simples, amar Jesus audaciosamente não é apenas a melhor coisa que você poderia fazer a si mesma. É a melhor coisa que poderia fazer aos que a rodeiam, mesmo que, a princípio, eles implorem por discordar. Cada relacionamento na sua vida deve beneficiar-se da sua afeição corajosa e ousada por Jesus Cristo, não porque você

---

[4] Filipenses 1.9,10.
[5] Filipenses 3.7,8; Mateus 10.37-39.

atropelará a pessoa com um evangelho de 18 pneus, mas porque vivenciará o evangelho bem diante dela. Audacioso não significa irritante. Se o fogo espiritual que sentimos queima as pessoas em vez de aquecê-las, temos zelo sem conhecimento.[6] Quando o tempo nos dá o privilégio — e ele nem sempre dá —, o evangelho mais eficaz é mostrar e falar. Você fala sobre Jesus com o coração pela forma com a qual você ama, com as mãos pelas coisas que você faz e, sim, claro, você compartilha Jesus com a boca. Mais cedo ou mais tarde, você não será capaz de se conter. O amor audacioso destrava a mais tímida de todas as línguas.

Isso também desperta a curiosidade dos outros a seu respeito. Mal sabemos o que fazer com as pessoas que são tão inseguras a ponto de não querer de maneira alguma dividir com alguém a nossa adoração, afirmação ou atenção. Em um sistema mundial impregnado de escravidão, qualquer anomalia é considerada liberdade. Em uma mídia carregada de notícias terríveis, a persistência indica um pouco de esperança. Em um ambiente cultural no qual a frieza de coração aumenta cada vez mais, o simples fato de ser notado é visto como um pouco de calor humano. Em um mar de pessoas fazendo exigências constantes, basta conseguir chegar à superfície para tirar alguém de uma situação embaraçosa. Em um palco social de narcisistas espalhafatosos, chega o momento em que aqueles da orquestra que não tocam as próprias cornetas tendem finalmente a ser ouvidos. Marque as minhas palavras. As pessoas ficarão curiosas. É por isso que 1Pedro 3.15,16 diz:

> Estejam sempre preparados para responder a qualquer pessoa que pedir a razão da esperança que há em vocês. Contudo, façam isso com mansidão e respeito, conservando boa consciência, de forma que os

---

[6] Provérbios 19.2; Romanos 10.2.

que falam maldosamente contra o bom procedimento de vocês, porque estão em Cristo, fiquem envergonhados de suas calúnias.

Amar Jesus audaciosamente não exclui necessitar das pessoas. Deus nos criou para vivermos em sociedade. Necessitamos do contato humano. Necessitamos do toque humano. E continuaremos a necessitar de amigos, irmãos e irmãs e reuniões sociais. Continuaremos a desejar ser queridas e amadas e continuaremos desejando um romance. Mas a liberdade indescritível chega quando não precisamos mais de seres humanos para nos salvar. Deixamos as pessoas livres para nos amar de uma forma que elas jamais conseguiriam quando não mais as responsabilizamos por nos dar a vida para a qual nascemos. Os nossos amigos não podem fazer isso por nós. O nosso marido não pode fazer isso por nós. Os nossos filhos não podem fazer isso por nós. Os nossos empregados não podem fazer isso por nós. Os nossos bancos não podem fazer isso por nós. As nossas escolas não podem fazer isso por nós. As nossas igrejas não podem fazer isso por nós. O melhor dos conselheiros não pode fazer isso por nós, e Deus sabe que eu acredito em conselheiros.

Só Jesus pode fazer isso por nós. Só ele sabe desde o começo como será o fim. Só ele sabe por que lançou a nossa semente neste solo, e nesta época da História, e o que planejou realizar e desenvolver por nosso intermédio. Mas uma coisa é certa: é algo bom. É algo que tem um significado. É algo que você não vai querer perder por nada neste mundo. É o motivo pelo qual você está aqui.

Isso me leva ao ponto crítico sobre o qual preciso escrever algumas palavras que poderão soar frias, mas, se eu terminar este livro sem as dizer, terei lançado a mensagem com coragem e terminado com covardia. Portanto, a mensagem é esta: qualquer relacionamento que não seja capaz de aguentar de modo definitivo e inquestionável o seu amor audacioso por Jesus certamente será uma cilada para você. Se você continuar a ser fortemente influenciada por esse relacionamento, ele a fará cometer um erro após o outro, turvará a sua visão espiritual, anuviará a sua mente com confusão e a manterá em estado perpétuo de frustração. Qualquer relacionamento extremamente controlador que restrinja o seu direito de amar Jesus Cristo de todo o coração, alma, mente e força poderá prejudicar seriamente o seu chamado. Poderá sugar o ar dos pulmões da vida para a qual você nasceu.

Se os seus amigos mais próximos se opõem à sua busca audaciosa por Jesus, encontre novos amigos que compartilhem essa busca. Se você estiver disposta a olhar além do seu círculo normal de amigos e não encontrar outros, peça a Deus que os reúna e os traga para você. Mantenha os olhos bem abertos. Resista ao pensamento de que eles precisam parecer ou agir de determinada maneira e não leve em conta idade e cor. Isso não é um curso de ensino médio. Bem, a menos que você esteja cursando o ensino médio: se você leu este livro até esta página, acaba de conquistar o meu coração para sempre. Por favor, dê um jeito de me informar. Seja qual for sua idade, peça a Jesus que traga a você pessoas que a incentivem a amá-lo, procurá-lo e a aquecer-se nele de tal forma que você não conseguiria fazer sem elas. Talvez você tenha uma mãe ou uma filha espiritual à sua espera. Alguém que um dia será mais querida por você que tudo na vida. Precisamos muito passar algum tempo com companheiros na nossa caminhada de fé. Precisamos não apenas adorar ao lado deles, mas também orar e buscar Jesus com eles. Precisamos rir muito e ser motivo de riso com eles. O valor do reavivamento que teríamos no nosso país seria incalculável se todas nós nos convencêssemos de que a simpatia é uma virtude cristã.

Serei um pouco mais corajosa aqui, mas também rápida. Enfim, se este livro não tratasse de coragem, ele não teria nenhum motivo viável. Apresento a você o seguinte conselho, com tremenda compaixão, baseada no que aprendi na Escritura e vi vezes e mais vezes *e vezes e mais vezes* em trinta anos de trabalho com mulheres: se você está tendo um relacionamento ou um envolvimento sério com um homem que não tolera o seu amor audacioso e ousado por Jesus, não se case com ele. Se já está casada com ele, não pegue suas coisas e vá embora, pelo amor de Deus, mas comece a orar fervorosamente para que Jesus cative o coração desse homem, não apenas pelo bem de você, mas pelo bem dele.

Este livro foi escrito de mulher para mulher, mas cada conceito bíblico dentro dele é igualmente verdadeiro para os homens. No final de uma vida bem vivida, Jesus é a razão absoluta deles também. Ore para que o homem da sua vida, se você tiver um, venha a conhecer o que ele não conhece. Nesse meio-tempo, evite que ele se sinta como se tivesse de competir com Deus, senão ele ficará ressentido com o Senhor. Em 1Pedro 3.1,2 lemos que devemos conquistar um marido não cristão com o nosso modo de viver. Fale pouco e tenha um coração enorme. Continue a orar para que Deus o faça querer ser conquistado. Se ele não quiser, seja sincera na oração, derramando perante Deus — sem nenhum filtro — como você se sente, o que espera e onde se sente ofendida. Não se sinta ressentida também. Clame a Jesus corajosamente para que ele a ajude e a defenda. Peça que ele dê a você sabedoria abundante, direção precisa e outras formas de expressar a sua fé. Peça-lhe que trace um caminho no qual você poderá fincar os pés e seguir em direção a cada propósito para o qual você nasceu. Tenha a audácia insistente de pedir a Deus que o seu marido aceite a sua fé, para que, caso ele não queira compartilhá-la, ao menos permita que você floresça nela.

Keith se tornou cristão pouco antes do nosso noivado (que tal a eficiência deste método de evangelização?), mas ele não compartilhava o meu (super)entusiasmo pela escola dominical, pelo coral da igreja, pelo acampamento da igreja, pelo jantar comunitário na igreja, pelas reuniões de oração na igreja ou pelas poesias de gosto duvidoso na igreja. Evidentemente, ele nunca tocou sino na vida nem lecionou na escola bíblica de férias no verão. Não sei como ele suportou um zelo tão exagerado. A igreja tem sido o meu porto quando a tempestade aumenta. A minha sanidade. Eu a amava. Ainda a amo. E ainda creio nela.

Sorrio ao lembrar-me de ter dito a Keith que eu ia "trabalhar para Deus" e perguntei se ele concordaria. Fazia sete meses que estávamos namorando, e eu suspeitava que ele iria me pedir em casamento. Ele pareceu um pouco desorientado, o que foi compreensível. Fez uma pausa, calculando o risco de que talvez não tivesse uma segunda chance de reagir favoravelmente.

— Que tipo de trabalho você fará para Deus?

Respondi com sinceridade, sentindo-me ridiculamente tola:

— Não faço a mínima ideia.

Nenhum de nós esquecerá as palavras sólidas como ouro que saíram da boca de Keith.

— Está planejando ser freira? — Toda a família dele era católica e, pelo seu modo de vida, ele não via outra maneira de uma mulher trabalhar para Deus.

— Ah, não — resmunguei. Quero dizer, havíamos curtido um maravilhoso encontro juntos, portanto fiquei um pouco perdida.

— Está bem — ele disse com uma dose razoável de alívio. — Eu concordo.

E ele concordou totalmente, Deus o abençoe, e, o tempo todo, nunca pensou nem por um segundo em ser pastor, diácono, presbítero ou ocupar qualquer outro cargo na igreja. Ele não lê a Bíblia com frequência, mas de vez em quando adora folhear um bom hinário. Apesar das inumeráveis discussões no início, Keith deseja oferecer sua contribuição espiritual, principalmente sendo o bom marido de uma mulher que trabalha em tempo integral no ministério. É uma função que ele executa com tremenda força e testosterona. Keith conta com o meu respeito e sabe disso. É o que importa para ele. E ele não se preocupa se alguém não entende isso. Keith é assim. Ele não tenta conquistar amigos e influenciar pessoas. Ora por mim e faz-me andar no bom caminho. Se um homem me ataca nas redes sociais, ele quer saber quando foi e diz que vai dar um chute no traseiro dele, embora em palavras um pouco mais brandas. Dá-me um beijo de despedida sem me culpar quando me ausento da cidade para palestrar, e me levanta do chão quando chego em casa. Fico feliz quando ele se senta ao meu lado na igreja. E, quando isso não acontece, não fico brava como ficava antes. Somos o sr. e a sra. Keith Moore, com todas as nossas imperfeições e fragilidades, e estamos conseguindo viver com muitas alegrias. Temos de agradecer somente a Jesus por isso.

Se você decidir fazer isso realmente, Jesus *vai* planejar tudo mesmo — e principalmente — se você desistiu de dizer a ele como fazer. Observe. Ele será exageradamente fiel a você. E, se você for obediente a Deus — isto é, obediente de verdade, e não irritante, altiva e intolerável —, as consequências da sua obediência serão problema dele, não seu. Entregue a ele os problemas que se seguem a quem o segue. Ele ama cada pessoa da sua vida infinitamente mais do que você. Enviou seu Filho a elas também. Ele entende as complicações. Lê cada mente e sonda cada coração. Sabe o que será necessário. Curve-se e não queira ser Deus. Deixe que ele realize a obra. Às vezes, verve é ter o sangue frio para não ser controladora.

Lembra-se da caixa vermelha de camisa que encontrei no meio daqueles esqueletos de camundongos? Dentro dela havia uma carta que a minha querida avó me escreveu com sua grafia peculiar. Eu havia entrado na adolescência quando ela escreveu aquela carta para mim, apenas dois dias antes de ser sepultada. Analisei o modo pelo qual ela floreou as letras do meu nome e lembrei-me do calor que ela transmitia quando, na infância, eu dormia a seu lado em sua cama com colchão de penas. Eu, uma garota ainda implume ao lado dela, ao lado de uma senhora deliciosamente ampla, tanto em anos quanto em lágrimas. Eu tentava permanecer do meu lado na cama quando ela se virava e afundava o colchão pelo menos uns 30 centímetros, mas acabava dormindo e rolava para o lado dela. Se não morresse sufocada antes do amanhecer, eu sabia que acordaria me sentindo, por alguns momentos gloriosos, animada e segura. Ao tomar aquela carta nas mãos, senti uma dor no peito, querendo ver o rosto dela novamente e ouvir a cadência de sua voz. E um dia isso acontecerá.

Os traumas de infância provocam um terrível desserviço à memória. Eles criam confusão em momentos de simplicidade, inocência, entusiasmo e beleza. Quando menina, fui amada por algumas pessoas maravilhosas. Tive bons momentos na época, naquela amálgama confusa que chamamos de crescimento. Você também teve bons momentos, caso contrário não estaria lendo esta página do livro. Talvez os seus anos de crescimento tenham sido quase idílicos, porém os mais recentes foram raspados da tela de um filme triste de televisão. Ou então nada de particularmente terrível aconteceu, mas não houve encantamento. Você não sabe onde se encaixa, não sabe se é importante para alguém nem o que deve fazer. Não sente nem dor nem paixão, nem uma sensação de propósito no fundo da alma.

Faça uma retrospectiva para lembrar-se de como Cristo a buscou, a encontrou, a deteve, a encurralou, a puxou para si e a carregou — tudo porque ele a achou fascinante a ponto de ter certeza de que você não escaparia dele. Este planeta coberto de pó, suspenso no Universo entre o céu e o inferno, carrega no ar os salpicos de ambos. E nós os respiramos todos os dias. Não tenho dúvida de que você já experimentou o inferno na ponta da língua, mas sei também que já experimentou o céu. Em algum lugar nessa loucura, você suspeitou que era amada. Em algum lugar nesse abandono, alguém está lutando por você o tempo todo.

Ser maltratada por alguém é tão perturbador que nos sentimos maltratadas por todos. Vitimização, devastação, perda, rejeição, traição.

Às vezes, essas coisas cobrem os olhos com uma camada tão forte de cinza que não vemos o raio de luz sob o nosso queixo vindo do sol no horizonte. Através de uma lente esfumaçada e distorcida, aquilo que é bom não consegue contrabalançar aquilo que é mau. Vemos em parte, é verdade — e a parte que vemos é totalmente triste. O nosso coração se contrai para se proteger, e sua circunferência comprimida faz de tudo para que o amor não encontre um caminho de entrada. A nossa alma, por outro lado, foi dilacerada de tal forma que nada do que alguém fizer será suficiente. Fechamos os olhos com força e recusamo-nos a ver que os ventos e as ondas se aquietaram e que um Salvador está vindo na nossa direção, andando sobre as águas.

Não temos, porém, de ficar assim — feridas, pesarosas, invisíveis e imutáveis. Não estamos paradas. Não somos uma causa perdida nos relacionamentos duradouros. O maior arrependimento é gloriosamente redimido quando ele nos conduz, sobre seu braço quebrado, pelo corredor em direção a um Noivo do qual nunca nos arrependeremos. Jesus escolheu você antes da criação do mundo ao som de sua voz ensurdecedora. Ele sabia tudo sobre você, quando você foi formada e entretecida no ventre de sua mãe. Penso que, talvez, se ele pudesse deixar um cartão hoje para você, dentro de um invólucro de celofane, o cartão exibiria uma foto da praia onde ele chamou seus primeiros seguidores, com uma bola enorme de raios solares surgindo no horizonte. Só que desta vez é a você que ele está chamando para ser sua seguidora. E talvez, na parte da frente do cartão, esteja escrito mais ou menos isto:

Eu,

o Santo Filho de Deus

com discernimento espetacular e tempo perfeito,

a chamei

e...

**Não me arrependo.**

# CAPÍTULO 12

# A melhor parte

Chegamos ao último capítulo, você e eu. Desde o início, prometi que este livro seria curto, na firme esperança de que, quando você começasse a ficar ansiosa por ler outra coisa, já tivéssemos nos despedido. Não sei quantas leitoras chegaram até aqui, mas você e eu chegamos. E, afinal de contas, foi para você que escrevi este livro.

Reservei a minha parte favorita para o fim. Isso talvez explique o tamanho exagerado deste capítulo de encerramento. Nunca fui boa em despedidas. Antes que você se precipite e se sinta decepcionada, quero esclarecer que não estou dizendo que este capítulo será a parte mais significativa do conceito a cada leitora, nem que será a parte mais elucidativa ou que ofereça o concreto mais firme para os nossos pés. Mas continua a ser o meu favorito. É o milagre em toda esta aventura com Jesus que me leva ao casamento em Caná e transforma minha água em vinho.[1] É onde a banda toca para mim. É onde os meus pés começam a coçar e se aprontam para dançar.

A ligação com o amor audacioso que estamos procurando descobrir neste capítulo de encerramento encontra-se escondida em

---

[1] João 2.1-12.

João 14.15-26. Um pequeno pano de fundo iluminará melhor a cena, portanto coopere comigo por alguns parágrafos. A cruz está exatamente do outro lado da esquina. Jesus avisou os discípulos muito antes de que seria preso e morto e que também ressuscitaria.[2] Aqui, a algumas horas do cumprimento das palavras de Jesus, seus seguidores estavam longe de ter os pensamentos envolvidos em torno daquelas palavras perturbadoras. Isso nos causa admiração? Alguns dias antes eles haviam acompanhado Jesus — seu senhor, mestre e operador de milagres — a Jerusalém para a festa da Páscoa, quando ele, montado em um jumentinho, recebeu os aplausos de uma multidão triunfante, acenando com ramos de palmeiras, gritando "Hosana" e proclamando Cristo como rei.[3] Pouco antes dessa saudação real, Jesus havia ressuscitado dos mortos seu bom amigo Lázaro, depois de quatro dias em que ele estava sepultado. Poucas coisas nas Escrituras me fazem dar um sorriso mais largo que ao ler este trecho da cena:

"Tirem a pedra", disse ele.

Disse Marta, irmã do morto: "Senhor, ele já cheira mal, pois já faz quatro dias" (João 11.39).

Se essa cena tivesse acontecido hoje, alguém teria gravado a expressão de Cristo em vídeo com o celular. Da forma que está escrito, podemos apenas imaginar sua fisionomia. Mas será que não somos semelhantes a Marta de vez em quando, pensando que uma coisa é ressuscitar alguém, e outra bem diferente é suportar aquele odor? Não nos causaria espanto se Marta tivesse pedido a Jesus que aguardasse um segundo enquanto ela corria para casa a fim de pegar

---

[2] Mateus 16.21.
[3] João 12.12-15.

um vidro de desinfetante. Você não pensa, uma vez ou outra, que Jesus sentiu vontade de olhar para o céu e dizer: "Pai nosso, que estás no céu, tens certeza de que não poderíamos ter feito coisa melhor que esta gente?". Ao contrário, ele respondeu a Marta com paciência e longanimidade:

"Não falei que, se você cresse, veria a glória de Deus?" (v. 40).

Esta é a minha interpretação da resposta de Jesus e, na minha imaginação, ele faz bom uso de seu tempo, enfatizando cada palavra com uma expressão perfeita de despropósito: "Marta, eu não disse claramente que, se você cresse, veria a glória de Deus? E quero garantir a você, Marta de Betânia, que a glória de Deus não cheira mal". Com certeza, quando Lázaro começa a andar, com as faixas de linho balançando, ninguém na cena tapa o nariz, abana o rosto ou grita: "Que cheiro horrível!".

Esse é um pano de fundo suficiente para prender a nossa atenção a fim de que possamos buscar a ligação com o amor audacioso em João 14. Encoste o ouvido nesta página e você ouvirá Jesus tentando preparar seus primeiros seguidores para a perda que teriam, para seu verdadeiro ganho, e para um amor recíproco que se identificaria por meio da obediência:

"Se vocês me amam, obedecerão aos meus mandamentos. E eu pedirei ao Pai, e ele dará a vocês outro Conselheiro para estar com vocês para sempre, o Espírito da verdade. O mundo não pode recebê-lo, porque não o vê nem o conhece. Mas vocês o conhecem, pois ele vive com vocês e estará em vocês. Não os deixarei órfãos; voltarei para vocês. Dentro de pouco tempo o mundo não me verá mais; vocês, porém, me verão. Porque eu vivo, vocês também viverão. Naquele dia compreenderão que estou em meu Pai, vocês em mim, e eu em vocês.

Quem tem os meus mandamentos e lhes obedece, esse é o que me ama. Aquele que me ama será amado por meu Pai, e eu também o amarei e me revelarei a ele".

Disse então Judas (não o Iscariotes): "Senhor, mas por que te revelarás a nós e não ao mundo?"

Respondeu Jesus: "Se alguém me ama, obedecerá à minha palavra. Meu Pai o amará, nós viremos a ele e faremos morada nele. Aquele que não me ama não obedece às minhas palavras. Estas palavras que vocês estão ouvindo não são minhas; são de meu Pai que me enviou.

Tudo isso tenho dito enquanto ainda estou com vocês. Mas o Conselheiro, o Espírito Santo, que o Pai enviará em meu nome, ensinará a vocês todas as coisas e fará vocês lembrarem tudo o que eu disse" (v. 15-26).

Aterrisse com os dois pés no versículo central: "Quem tem os meus mandamentos e lhes obedece, esse é o que me ama. Aquele que me ama será amado por meu Pai, e eu também o amarei e me revelarei a ele" (v. 21).

O amor recíproco que Cristo descreveu não diminui nem contradiz de maneira alguma o amor de Deus por toda a humanidade. No mesmo evangelho, lemos que Deus não apenas ama o mundo inteiro incrédulo, mas, nas palavras maravilhosas da *Nova Versão Internacional*, "porque Deus *tanto amou* o mundo que deu o seu Filho Unigênito, para que todo o que nele crer não pereça, mas tenha a vida eterna. Pois Deus enviou o seu Filho ao mundo, não para condenar o mundo, mas para que este fosse salvo por meio dele" (João 3.16,17).

Cada pessoa que respira neste barro terrestre é muito amada por Deus, quer ela creia quer não. Mas João 14.21 sugere de uma forma muito sublime, muito sagrada e muito divina para a nossa mente finita compreender, que o coração de Deus repercute com um ritmo de afeição particular por aqueles que o amam. A ligação no segmento de João 14 com o nosso conceito de amor audacioso encontra-se na última frase do versículo 21. Àquele que ama Jesus e mostra obediência, ele diz: "Eu também o amarei e me revelarei a ele".

"Eu [...] me revelarei a ele" (*Nova Versão Internacional*).

"Eu [...] me manifestarei a ele" (*Almeida Revista e Atualizada*).

"Eu [...] lhe mostrarei quem sou" (*Nova Tradução na Linguagem de Hoje*).

Jesus manteve sua promessa na noite daquele domingo glorioso quando todos os discípulos, exceto Tomé, estavam trancados em uma sala, morrendo de medo, no terceiro dia após a crucificação, com rumores começando a circular de que o corpo de Cristo não estava no túmulo. De repente, Jesus apareceu a eles na sala, ressuscitado dentre os mortos, ainda com as marcas dos pregos, porém muito mais vivo.

Ele também se revelará a nós quando o virmos face a face, quando todas as nossas lágrimas forem enxugadas e quando as nossas tristezas se transformarem em alegrias. A promessa de que Jesus se revelará àqueles que o amarem teve uma interpretação surpreendentemente literal para aqueles discípulos. Neste lado do céu, você e eu talvez não vejamos revelações do poder da *pessoa* ressurreta de Jesus, mas certamente vemos revelações de seu *poder* de ressurreição. Nas ocasiões em que ele considera apropriadas, experimentamos uma sensação tão forte de sua presença que, embora não possamos vê-lo com os olhos, sabemos no coração que ele está presente. Isso talvez ocorra em um ambiente de adoração em conjunto, quando o Espírito de Deus se derrama com tanto poder sobre nós a ponto de sentirmos escamas caindo dos olhos. É aí que Cristo está, em pé no nosso meio. Ou talvez o nosso pastor esteja proferindo o tipo de mensagem que Paulo descreveu em 1Tessalonicenses 1.4,5 ao lembrar-se do mover do Espírito de Deus quando eles [Paulo, Silvano e Timóteo] levaram o evangelho a Tessalônica.

> Sabemos, irmãos, amados de Deus, que ele os escolheu porque o nosso evangelho não chegou a vocês somente em palavra, mas também em poder, no Espírito Santo e em plena convicção.

Por ora, os nossos olhos físicos são fracos demais para contemplarem a revelação do Jesus ressurreto, mas podemos ter os olhos bem abertos que Paulo descreve aos cristãos em Éfeso:

> Não deixo de dar graças por vocês, mencionando-os em minhas orações. Peço que o Deus de nosso Senhor Jesus Cristo, o glorioso Pai, dê a vocês o espírito de sabedoria e de revelação, no pleno conhecimento dele. Oro também para que os olhos do coração de vocês sejam iluminados, a fim de que vocês conheçam a esperança para a qual ele os chamou, as riquezas da gloriosa herança dele nos santos e a incomparável grandeza do seu poder para conosco, os que cremos, conforme a atuação da sua poderosa força. Esse poder ele exerceu em Cristo, ressuscitando-o dos mortos e fazendo-o assentar-se à sua direita, nas regiões celestiais (Efésios 1.16-20).

Reflita nisto mais uma vez: "Peço que o Deus [...] dê a vocês o espírito de sabedoria e de revelação, no pleno conhecimento dele. Oro também para que os olhos do coração de vocês sejam iluminados". Essa, minha amiga, é a experiência suprema até o dia em que o veremos face a face: vislumbres do coração e sensação espiritual de que Jesus está perto.

De que ele está trabalhando. De que nós também estamos trabalhando com ele.[4]

---

[4]   Marcos 16.20; 2Coríntios 6.1.

De que ele nos cerca. De que se encontra conosco. De que habita em nós. De que sente um amor exagerado por nós.

De que seu Espírito que habita em nós está preenchendo cada caverna e alcançando cada mão e cada pé.

Andamos pela fé, não pelo que vemos.[5] A visão em si vê fisicamente, mas a fé, louvado seja Deus, percebe. E esta, minha leitora paciente, é a minha parte favorita do amor audacioso:

*A alegria pura da presença de Jesus.*

Ele sempre está presente, quer o percebamos quer não, mas nada nesta experiência humana é semelhante a um momento incomum e sagrado quando, por um instante rapidíssimo, o véu parece delgado. Somos chamadas para sermos fiéis, não importa no que, não importa por quanto tempo, uma vez que sentimos realmente a presença de Jesus, mas recebemos uma firme autorização naquele trecho de Efésios 1 para pedir a Deus que nos conceda o Espírito de sabedoria e revelação e a graça de ter o coração iluminado para ver aquilo que os nossos olhos mortais não conseguem. Aquilo que o nosso coração poderia contemplar é tão vasto quanto a imaginação de Cristo, mas pode ocorrer a qualquer momento em que ele se fizer conhecido com sua presença, poder, paixão ou parceria inusitados. Por exemplo:

*Participando com ele de algo que seja humanamente impossível ou naturalmente inexplicável. Tendo pleno conhecimento de que ele a capacitou a fazer algo que você era completamente incapaz de fazer.*

*Sendo surpreendida por ele. Ficando boquiaberta por algo que ele fez.*

*Despertando para a descoberta no meio de uma ação em que você foi enviada por ele a uma cruzada. Ou, às vezes mais surpreendente*

---

[5] 2Coríntios 5.7.

*ainda. Ele, o soberano Filho de Deus, acaba de enviar alguém em uma missão a você.*

*Recebendo uma mensagem de texto de alguém com estas palavras: "Não consegui deixar de orar por você esta manhã. Acho que Deus deseja realmente lembrar de que ele está com você e a ama muito". Ninguém viu a sua ansiedade naquela manhã, a não ser Deus. Ninguém, a não ser ele, a ouviu gemer. O Criador do Universo designou literalmente alguém, por meio da direção do Espírito Santo, para chegar até você em nome dele. Isso é ou não é amor audacioso? Nunca deixe de levar isso a sério.*

*Experimentando uma sensação forte e inusitada dele em uma oração, em uma caminhada, dirigindo o carro. No meio de uma crise ou em um acidente. No desespero da nossa solidão implacável.*

*Em sua enorme misericórdia, podemos sentir sua mão nos segurando com força, mesmo no nosso pecado mais tenebroso.*[6]

Ver a providência surpreendente naquilo que os outros chamam de coincidência: *isso* pode ser uma revelação divina. Ser conduzida por ele. Ser abastecida por ele. Ser alimentada por ele por meio de sua Palavra.

Tenho me ajoelhado diante de Jesus com total fraqueza — desmoralizada pelas circunstâncias, pelo estresse, por doenças, ataques espirituais ou críticas mordazes —, completamente exaurida, sem nenhuma gota de energia, mas, em vez de me levantar com fé como costumo fazer, confiando na força que receberei, de vez em quando sinto a força dele fluindo dentro de mim naquele exato momento. Talvez isso não seja forte o bastante para todas as pessoas qualificarem como uma manifestação de Cristo, mas, para mim, mudar de um estado de fraqueza humana para uma força sobrenatural durante uma única respiração é um milagre.

---

[6] Salmos 139.10.

Jesus nunca apareceu para mim. Nunca ouvi sua voz de modo audível. Mas ele tem revelado a si mesmo e a seu amor audacioso por mim de maneiras incontáveis. Às vezes, sinto-me tão fortemente comovida com sua Palavra que cubro o rosto com as mãos e choro, ou desço da cadeira e me prostro com o rosto no chão, ou sinto-me tão energizada e viva que me levanto e começo a andar de um lado para o outro. Há ocasiões em que simplesmente bato com as mãos na minha mesa com toda a força por causa da beleza e do poder das Escrituras. Isso não é natural. É o Espírito da Verdade dentro do coração de uma cristã testemunhando a Palavra da Verdade naquele par de mãos. Não somos nós que fazemos isso. É Deus. Essa é exatamente a maravilha que vem dele. As personalidades diferem dramaticamente. Talvez você não seja tão efusiva ou não se sinta à vontade para bater com as mãos na mesa, mas, se anda com Jesus há muito tempo, aposto que sabe o que significa sentir-se extraordinariamente comovida com sua Palavra de tal forma que sabe que é o Espírito Santo, não apenas emoção. A diferença entre adrenalina e unção está no fruto. Se os resultados forem eternos, é unção.

Às vezes, o Espírito Santo abastece-me com tanta força que tenho de parar o que estou fazendo e mudar completamente os meus planos para seguir sua direção *da melhor maneira que conheço*. Essas últimas cinco palavras são importantes. Sou uma mulher imperfeita, com entendimento limitado, tentando seguir um Salvador perfeito, com entendimento infinito. Às vezes, o transbordamento do Espírito de Cristo parece vir com direções inaudíveis, mas que podem ser discernidas. Tenho conversado com pessoas que não encontro há anos e as vejo — naquele exato momento — desesperadas por encorajamento, ajuda ou oração. Se faz tempo que você está sendo abastecida pelo Espírito Santo, aposto que já encontrou pessoas assim. De vez em quando, sou compelida pelo Espírito Santo a sentar ao lado de uma pessoa totalmente estranha em um aeroporto.

Puxo conversa com ela e logo me vejo em um encontro casual tão divinamente orquestrado que somente a falta de fé pode chamá--lo de coincidência. Estou no meio de um estudo bíblico em um evento e, sem pensar, paro bem na frente de uma pessoa na plateia, enquanto passo para o tema seguinte e depois fico sabendo que a lição foi muito específica para ela. Termino tão boquiaberta quanto ela. Somente um Salvador onisciente e audaciosamente amoroso se revela de forma tão pessoal, intricada e misericordiosa.

Esses fatos não são experiências do dia a dia, mas não são também raridades isoladas. Muitos cristãos de várias denominações, formações, regiões, países e tradições são capazes de testificar momentos em que Cristo parece revelar-se, revelar seu poder ou sua imensa afeição de forma extraordinária. Assim como eu, eles acreditam que momentos como esses são experiências válidas com Cristo por meio de seu Espírito, porque as Escrituras dizem com todas as letras que podem ser. Não estou à procura de algo além do que a Bíblia afirma, mas desejo cada coisa dentro daquele livro que Jesus sente satisfação em me dar. Ele negou os meus pedidos múltiplas vezes, mas cada *sim* divino dá-me uma força descomunal para buscar, pedir e bater. Penso que é disso que ele gosta. Ele é perfeitamente capaz de dizer não, mas Deus diz que não recebemos porque não pedimos (Tiago 4.2).

Moisés teve a audácia de pedir a Deus que lhe mostrasse sua glória, e Deus não o matou na hora, não o deixou leproso nem o transformou em uma estátua de sal.[7] Moisés não conseguiu ver a face de Deus, mas teve o privilégio impressionante e assombroso de ser coberto com a mão dele na fenda da rocha enquanto a glória do Senhor passava. O capítulo termina espetacularmente com Moisés vendo as costas de Deus.[8] Penso que é isso que acontece às vezes,

---

[7] Êxodo 33.18.
[8] Êxodo 33.23.

em sentido figurado. Não sabemos que era Deus até que o evento passa e vemos suas costas, mas não tenha dúvida: ver as costas de Deus é suficiente para nos tirar das trevas. Você e eu podemos pedir para contemplá-lo e acabamos vendo-o apenas de relance, mas a pergunta intrigante na mesa é esta: Nós o teríamos visto de relance sem ter pedido para contemplá-lo?

A Palavra de Deus é o único concreto para um par de pés mortais.

É o sopro de Deus.

Inigualável.

Tem autoridade absoluta e é totalmente santa.

É pão e carne.

É luz para os nossos olhos e mel para os nossos lábios.[9]

É água[10] e é fogo.[11] Faz trinta anos que a Bíblia me emociona, me acalma, me treina e quase me mata. O Filho de Deus salvou-me a alma, e a Palavra de Deus salvou-me a mente. Suas páginas são os tesouros mais sagrados que as pontas dos dedos humanos podem tocar. Não podemos segurar Jesus com as nossas mãos humanas, mas seguramos a nossa Bíblia de encontro ao peito e clamamos com toda a nossa força.

Suas páginas revelam-nos, com tinta permanente, um Deus que se dispôs a ser encontrado, conhecido, experimentado e tocado por mortais. Dizer que Deus não realiza milagres é negar que ele é quem diz ser. Dizer que ele deixou de realizar milagres é afirmar que ele deixou de ser maravilhoso. Dizer que ele não fala mais conosco por meio de seu Espírito no nosso interior é dizer que ele — imortal, invisível *e imutável* — mudou radicalmente. Deus não nos

---

9 Salmos 19.10.
10 Efésios 5.26.
11 Jeremias 23.29.

chamou para controlar o Espírito. Chamou-nos para sermos controladas *pelo* Espírito. Não ficamos nervosas e mandamos o Espírito embora. Colocamos todas as coisas à prova para testar o Espírito.[12]

A Escritura é completa. Nada pode ser acrescentado a ela ou dela subtraído. A Escritura é a verdade pela qual qualquer outra noção deve ser medida. Mas, dentro da própria Escritura, descobrimos o Espírito de Deus que fala. Ele ensina, convence, lembra, determina, santifica, doa, unge. *Ele conduz.*[13] Aqui mesmo nestas páginas conhecemos aquele que fez uma jumenta falar, o sol parar, o deserto florescer, as águas do rio se dividirem, água jorrar de uma rocha, um corvo alimentar um profeta, o ferro do machado flutuar, um peixe engolir um homem, um peixe vomitar um homem, um peixe pagar impostos, alguns peixes alimentarem uma multidão (ele parece gostar de peixes), uma mão aparecer do nada e escrever na parede, uma cabeça e mãos derrubarem um ídolo, a chuva começar a cair, a chuva parar, úteros estéreis se tornarem férteis e, em um dia glorioso quando ele exercer seus amplos poderes, as árvores do campo baterem palmas.

Até lá, somos mulheres verdadeiramente sábias para tapar a boca antes de dizer o que Deus não é capaz de fazer e ainda faz. Vamos colocar a nossa fé nas mãos de um Deus que é capaz de fazer qualquer coisa.

"Eu sou o Senhor, o Deus de toda a humanidade. Há alguma coisa difícil demais para mim?" (Jeremias 32.27).

O ponto principal é este. Estamos prestes a seguir caminhos diferentes e partir para ter um futuro de aventuras com Jesus.

---

[12] 1Tessalonicenses 5.19-21; 1João 4.1.
[13] Atos 10.19; 11.12; 13.2; 16.6,7.

Não sei dizer exatamente como será o seu futuro nem o que esperar dele. Você também não sabe dizer como será o meu. Gálatas 5.18 diz que somos conduzidos pelo Espírito, não pela Lei. Vamos admitir isso. As leis pelo menos são mais fáceis de serem identificadas, mesmo que sejam bem menos divertidas. O legalismo não chega a ser um risco, mas você e eu não fomos chamadas para uma justiça legalista. Fomos chamadas para viver pelo Espírito, e Gálatas 5.25 diz: "Se vivemos pelo Espírito, andemos também pelo Espírito". Para andar no Espírito, é preciso mergulhar nas Escrituras, porque podemos ter a certeza de que o Espírito nunca nos conduzirá na direção contrária à sua Palavra.

Para andar no Espírito, é preciso ter também discernimento. Perspicácia. Percepção. E, uma vez que somos seres humanos, significa que a maioria de nós que corre o risco de ser conduzida pelo Espírito, não por uma lista de leis, será mal interpretada algumas vezes.

Provavelmente pareceremos tolas em alguns momentos.

Teremos de dizer que às vezes cometemos um grande erro.

Eu, porém, declaro sem a menor hesitação: prefiro errar tentando obedecer a Deus a não correr riscos e apagar seu Espírito. Ele sonda o nosso coração. Os nossos motivos. Sonda os processos do nosso pensamento e reconhece as voltas e reviravoltas do nosso entendimento. Guarde este versículo no bolso enquanto você segue pelo caminho das aventuras como serva de Cristo. Tenha-o sempre à mão quando se sentir julgada ou julgando.

> Quem é você para julgar o servo alheio? É para o seu senhor que ele está em pé ou cai. E ficará em pé, pois o Senhor é capaz de o sustentar (Romanos 14.4).

É preciso um pouco de audácia para expor-se e viver pelo Espírito. Afinal, e se você for mal interpretada? E se você estiver errada?

E se, em uma manhã, você sentir um raro desejo de conversar com uma vizinha e crer que o Espírito Santo a está conduzindo para passar na casa dela a caminho do trabalho, orar por ela e, de repente, começar a pensar que talvez o Espírito Santo esteja pedindo a você que faça um bolo inglês para ela? E se, então, você — cheia de fé e expectativa — passar na casa dela e descobrir que ela não necessita de oração, que não pode comer açúcar e que está irritada demais? O que fazer?

Três palavras: coma o bolo.

Ali mesmo, antes de sair de casa. Sem faca, sem garfo, sem guardanapo. Pegue o bolo e dê uma mordida. Você se sentirá melhor e fará Deus sorrir. E aposto qualquer coisa que ele a abençoará por ter tentado acreditar nele e por ter tentado abençoar a sua vizinha, para quem, alguns dias depois, você até poderá esboçar um sorriso.

Se o desejo do nosso coração for o de mostrar o amor de Cristo e fazer bem às pessoas, na maior parte do tempo nós não lhes causaremos mal, mesmo que sejamos mal interpretadas. Se, por algum motivo, fizermos mal a elas acidentalmente, devemos assumir a responsabilidade, pedir perdão e buscar a ajuda de Deus para corrigir o nosso erro. Se estivermos enganadas a respeito do que o Espírito Santo nos está dizendo e encontrarmos oposição ou insulto, é melhor correr como vento à procura de pessoas experientes na fé a fim de buscar conselho antes de dar um único passo. Se elas nos disserem, com base sólida nas Escrituras, que provavelmente fomos mal interpretadas, devemos ser tremendamente sábias para não prosseguir. Maximizaremos a alegria e minimizaremos a confusão se percebermos desde o início que, em assuntos não muito claros, poderemos cometer alguns erros de vez em quando.

Algumas semanas atrás, no Domingo de Páscoa, enquanto eu escrevia este livro, o meu genro, Curtis, pregou um sermão eletrizante sobre a ressurreição de Cristo e, em seguida, convidou todos da congregação que conheciam Cristo pessoalmente para que fossem à frente receber a comunhão. Na nossa igreja, cinco ou seis casais, dependendo do número de pessoas presentes, são indicados para permanecer na frente, cada um carregando um conjunto dos elementos. As pessoas que querem receber a comunhão formam filas, e você pode escolher uma delas. Quando a sua vez chegar, um dos cônjuges lhe oferece o pão e diz: "O corpo de Cristo partido por você", e o outro lhe oferece o cálice para molhar o pão e diz: "O sangue de Cristo derramado por você". É tão pessoal e poderoso, tão face a face, que quase chego a chorar alto todas as vezes.

A nossa igreja estava lotada naquele domingo em razão da Páscoa, portanto as filas para receber os elementos estavam longas, o que não era normal. Um pouco depois do cântico, comecei a esticar o pescoço para espiar o ritmo lento das pessoas e não entendi por que a fila de um dos casais era pequena, ao passo que as filas dos outros casais tinham tantas pessoas. *Que grosseria*, pensei. O casal esquecido era o último à esquerda, portanto pensei que talvez a maioria das pessoas não pudesse vê-lo. Quando chegou a hora de a nossa fila andar, senti-me forçada por dever e maturidade espiritual a salvar aquele precioso casal de ser negligenciado. Caminhei em linha reta na direção deles para receber a comunhão e, como sempre, senti-me comovida pela ternura das palavras. Uma das maravilhas de ser membro ativo de uma igreja local é que, de vez em quando, alguém nos chama pelo nome.

"Sra. Beth", a esposa disse segurando o pão, "o corpo de Cristo partido por você".

Eu o peguei.

"Sra. Beth", o marido disse segurando o cálice, "o sangue de Cristo derramado por você".

Eu o peguei.

Voltei ao meu lugar, e algo espantoso aconteceu. O pão na minha boca, que eu havia molhado no cálice, começou a aumentar de tamanho. Na verdade, ficou tão grande que eu não conseguia engoli-lo. Apesar de tomar comunhão há quarenta anos, eu não sabia exatamente o que estava acontecendo. Sem dúvida, estava experimentando um novo efeito. Não sabia o que estava passando na minha boca, mas era uma sensação totalmente diferente das outras vezes em que me aproximei da mesa do Senhor. *Quem sabe*, pensei, *este seja o dia favorito de Cristo para ser comemorado.* Não há um dia melhor que ressurgir dentre os mortos. Imaginei que o Espírito Santo estivesse abençoando de uma forma extraordinária os elementos. Quanto mais pensava no assunto, mais o pão se avolumava na minha boca. Parecia que ele estava se multiplicando, como um milagre pessoal dos pães e peixes. Não tive coragem de olhar para a direita nem para a esquerda, mas esperava cada vez mais que aquela maravilha estivesse acontecendo com todos na congregação.

Remexi os elementos na boca, pensando no significado tão grande que tinham a ponto de eu mal conseguir engoli-los. Mantive a boca fechada, com medo de deixá-los escapar, mas movimentei o maxilar para cima e para baixo, para um lado e para o outro, tentando saber o que aconteceria. Eu havia confessado os meus pecados silenciosamente antes da comunhão, portanto tinha certeza de que não se tratava de um castigo. *Então*, voltei a pensar, *o que poderia ser este fenômeno, senão uma bênção?* Aquele meigo "por que eu?" me levou às lágrimas. Depois de tomar comunhão por tantos anos, algo incomum e inesperado havia acontecido comigo. Talvez Deus tivesse olhado com favor para mim por eu ter escolhido um casal que muitos na congregação haviam evitado. Pensei em não contar a ninguém. Meditaria no fundo do coração, imaginando por que Deus havia multiplicado o pão dentro da minha boca.

Uma hora e meia depois, quatro gerações da família Moore estavam sentadas à minha mesa na sala de jantar comendo rosbife, purê de batata, molho de carne, batata-doce, vagem, pãezinhos redondos e outras delícias do Sul preparadas por mim. Conversamos sobre o sermão, dizendo que ele havia sido ungido por Deus, ficamos encantados com o número de pessoas presentes e exultamos no Senhor por ter ajudado Curtis a pregar em quatro cultos em sequência com tanto poder e encanto. Foi uma gloriosa manhã do domingo da ressurreição. Falamos sobre a elegância de Jackson, meu neto, de terno e gravata e de quanto ele gostou do vestido novo de Páscoa de sua irmã menor, Annabeth. Falamos sobre como o culto foi maravilhoso e sobre as nossas grandes expectativas e orações para que alguns dos nossos convidados tivessem entregado o coração a Jesus.

Melissa, minha filha caçula, adora a liturgia nos cultos mais que qualquer outra pessoa que você conhece, por isso não nos surpreendemos quando ela mencionou sua gratidão por termos participado da comunhão naquele dia. Guardei em segredo a minha manifestação, mas não deixei de fazer esta ponderação para provocar uma conversa à mesa:

— Não sei por que só algumas pessoas ficaram na fila do casal na ponta à esquerda. Afinal, as outras filas poderiam ter ficado menores. Senti-me um pouco constrangida por eles. O que aconteceu? Eles são novos na igreja?

Amanda e Melissa lançaram-me um olhar estranho e percebi que Curtis também fez o mesmo. Continuei a colocar sal de propósito nas minhas ervilhas, para permitir que a pergunta pairasse no ar e deixasse espaço para a correção do Espírito Santo. Ficou claro que ninguém à mesa teve a maturidade de notar aquele detalhe, a não ser eu. Depois de vários segundos, Curtis disse:

— A senhora está falando sobre o casal que ofereceu pão sem glúten?

— Como? — perguntei, necessitando de um pouco de esclarecimento e pensando que poderia ter salgado demais as ervilhas.

— Sim — ele respondeu. — Quando chamei a congregação à frente, eu disse que os elementos sem glúten estavam com aquele casal, caso alguém necessitasse de uma dieta especial.

Definitivamente salguei demais as ervilhas. Mexi-as no prato até ficarem suficientemente misturadas com o purê de batata e resmunguei:

— Ah.

Não sabia por que havia perdido aquele detalhe, mas me lembrei de ter desviado a atenção para a nova tiara de Annabeth com um arco tão grande e pesado que quase não parava na cabeça dela.

— Mãe — Amanda inclinou-se para a frente, interferindo na minha conversa. — Você tomou os elementos sem glúten?

Achei que aquele era o momento ideal para a vovó tomar um pouco mais de chá, portanto levantei-me para buscar.

— Mãe? — Amanda insistiu, dessa vez em tom mais alto.

Ao ouvir isso, Melissa pousou o garfo na mesa, percebendo que aquele era um momento da família que valeria a pena ser trocado por todos os molhos de carne do Universo. Então, começou a dizer:
— Mãe?

Voltei a sentar, recoloquei o guardanapo no colo e disse entre os dentes: — Talvez.

Se estivesse presente, você teria ouvido, a quilômetros de distância, as gargalhadas de quatro gerações das famílias Moore e Jones. A verdade foi que a manifestação sobrenatural na minha boca não foi um fato extraordinário, a não ser por não conter glúten. Graças a Deus os elementos em si, abençoados, partidos e derramados, não produziram outros efeitos. Esse tipo de acontecimento infeliz poderia ter sido evitado se a igreja distribuísse boletins. As igrejas deveriam avisar sobre o pão sem glúten, para não assustar uma menina do Arkansas criada com broa, biscoitos, melado de sorgo e cereais. Não sei se dali em diante eu deveria usar um bracelete com um aviso médico quando fosse à igreja. Não é de admirar que o pão estivesse um pouco elástico. Quando contei à minha família sobre a minha emoção ao morder o pão e que ele começou a crescer na minha boca, chegamos a chorar de tanto rir. Não venha me dizer que Jesus não achou aquilo engraçado.

Dito isso, ainda vou me esforçar e ter a chance de sentir algo sobrenatural, principalmente por causa de Kendra.[14] Um domingo de manhã, vários meses atrás, Keith estava fora da cidade e dormi um pouco mais que o normal. Depois passei um tempo precioso e longo com Jesus. Havia contado a Deus alguns dias antes que estava preparada para alguns encontros divinos surpreendentes porque já fazia tempo que havia tido um. Não havia pensado muito no assunto naquele sábado de manhã. A Palavra de Deus havia saltado da página, capturado a minha imaginação e rodado na minha mente de modo fascinante. Terminei o meu tempo de oração, fechei a Bíblia e tirei a minha caneta azul presa à espiral do meu diário. Peguei a xícara de café vazia e atravessei a cozinha para colocá-la na lavadora. Naqueles poucos momentos, tive um pensamento inusitado. De repente, determinado ponto de ônibus do metrô em Houston circulou pela minha mente como um beco sem saída e parou. Eu nunca havia andado naquele ônibus nem parado naquele banco, e sua localização não ficava perto da minha casa nem do meu trabalho. Havia muitos outros pontos de ônibus mais próximos. Os detalhes foram tão espontâneos e peculiares que me fizeram parar. Se eu não tivesse estudado a Bíblia e orado, provavelmente não teria pensado mais sério naquele assunto, mas o tempo após uma manhã calma com Jesus me fez desconfiar de que havia algo prestes a acontecer.

---

[14] Nome que significa mulher de valor ou profetisa. [N. do T.]

Literalmente *havia algo prestes a acontecer.*

Não ouvi nenhuma palavra. Não tive nenhuma visão. Mas, de uma forma difícil para explicar adequadamente, acreditei que talvez eu estivesse sendo conduzida pelo Espírito Santo. Também sabia de alguma forma naquele momento que precisava sacar dinheiro. Vesti-me, passei no caixa eletrônico e dirigi o carro por meia hora da minha casa até aquele exato ponto de ônibus na marginal da rodovia I-10. Eu poderia chegar lá e descobrir que havia imaginado inadvertidamente aquela coisa toda, mas, francamente, o que teria a perder, a não ser um pouco de dinheiro e um fiapo de dignidade? Atravessei o estacionamento ao lado e parei o mais próximo possível do ponto de ônibus. Não havia ninguém lá, mas parei o carro no estacionamento e abri o zíper da minha bolsa para deixar o dinheiro à mão. Acredite em mim, no momento de tirar o dinheiro, uma mulher chegou ao ponto para pegar o ônibus. O meu coração começou a bater na garganta e senti um frio enorme no estômago. Sem saber o itinerário do ônibus, fiquei com muito medo de parar para pensar, portanto desci do carro, não querendo perder a oportunidade, e fui atrás da mulher.

— Por favor, perdoe a minha intromissão. Não a quero assustar de forma alguma, mas tenho certeza de que Jesus me enviou a este ponto de ônibus para dar isto a você.

Segurei a mão dela e coloquei as notas ali e dobrei seus dedos sobre elas. A mulher ficou confusa como qualquer pessoa ficaria, quer Deus estivesse envolvido, quer não. Quando ela arregalou os olhos, tentei descobrir se aquele susto foi positivo ou negativo. Eu poderia ter sido ferida na cabeça com a bolsa enorme que ela carregava pendurada no ombro. Disse-lhe que Jesus a amava e se importava muito com o que ela estava atravessando. Em seguida, voltei para o carro.

— Senhora! — ela gritou.

Virei para trás.

— Eu sei por que Deus a enviou!

— Sabe?

— Sei que ele está dizendo que devo sair de uma péssima situação. Estou pensando na possibilidade de mudar de casa, mas todos os imóveis para locação que procurei exigem um depósito antecipado. Disse a Deus que, se eu conseguisse o dinheiro para o depósito, me mudaria.

Sorri, sentindo um alívio percorrer todo o meu corpo como se alguém estivesse borrifando água em mim com uma mangueira.

— Tudo bem — eu disse. — Acho que é melhor você começar a preparar a mudança.

Ela estava muito emocionada. Eu também. Sorri, disse adeus, entrei no carro e engatei a marcha a ré. Antes de eu pisar no acelerador, ela correu até a minha janela e eu a abri.

— Posso dar um abraço em você? — ela perguntou.

Mal consigo conter as lágrimas ao contar esta cena simples a você. — Claro que pode — respondi. — Desengatei a marcha, desci do carro e demos um abraço muito apertado uma na outra. Não dissemos quase nada. Apenas nos abraçamos como duas mulheres que tinham o rosto ruborizado pelo amor audacioso de Jesus. Quando parti, gritei a plenos pulmões: "Huuuhuuuuuuuuu!". A emoção foi muito grande. Gritei "aleluia" e bati no volante com a palma da mão. Depois gritei de novo: — Foi demais!

Não posso garantir a ninguém que os meus pneus tocaram o pavimento da estrada no caminho para casa. Alguém poderá insistir em que tive um delírio, que Deus não faz essas coisas nos dias de hoje e que, claro, a mulher aceitaria o dinheiro em qualquer circunstância. "Afinal", alguém dirá, "até um tolo aceitaria". Estou em paz comigo. Entendo que aquela chance foi a mera possibilidade de uma santa concordância de Deus. Quero errar pelo lado da fé.

Aquele "momento Kendra" não tem acontecido comigo com frequência, mas, quando aconteceu, foi tão emocionante que quase não consegui recobrar o fôlego.

O Espírito Santo trabalhou com todo o empenho na igreja primitiva do Novo Testamento, dirigindo, movendo, parando, redirecionando e capacitando os seguidores de Jesus de maneiras surpreendentes. Em Atos 16.6-10, o Espírito Santo impediu Paulo, Timóteo e Silas de seguirem em uma direção na qual eles queriam pregar e, quando seguiram em outra direção, o Espírito os deteve de novo. Então Paulo teve uma visão à noite.

> Durante a noite Paulo teve uma visão, na qual um homem da Macedônia estava em pé e lhe suplicava: "Passe à Macedônia e ajude-nos". Depois que Paulo teve essa visão, preparamo-nos imediatamente para partir para a Macedônia, concluindo que Deus nos tinha chamado para lhes pregar o evangelho (Atos 16.9,10).

"Concluindo que Deus nos tinha chamado." Às vezes, quando algo não é escrito no concreto e não contraria as Escrituras, corremos o risco de tirar uma conclusão. Andamos com muito cuidado, sim, mas não podemos ficar paradas no ponto morto para sempre.

Ah, mas podemos prosseguir com mais entusiasmo. Dê uma olhada neste evento registrado em Atos 8.26-40:

> Um anjo do Senhor disse a Filipe: "Vá para o sul, para a estrada deserta que desce de Jerusalém a Gaza". Ele se levantou e partiu. No caminho encontrou um eunuco etíope, um oficial importante, encarregado de todos os tesouros de Candace, rainha dos etíopes. Esse homem viera a Jerusalém para adorar a Deus e, de volta para casa, sentado em sua carruagem, lia o livro do profeta Isaías. E o Espírito disse a Filipe: "Aproxime-se dessa carruagem e acompanhe-a".

Então Filipe correu para a carruagem, ouviu o homem lendo o profeta Isaías e lhe perguntou: "O senhor entende o que está lendo?"

Ele respondeu: "Como posso entender se alguém não me explicar?" Assim, convidou Filipe para subir e sentar-se ao seu lado.

O eunuco estava lendo esta passagem da Escritura:
"Ele foi levado como ovelha para o matadouro,
e como cordeiro mudo
     diante do tosquiador,
ele não abriu a sua boca.
Em sua humilhação
     foi privado de justiça.
Quem pode falar
     dos seus descendentes?
Pois a sua vida foi tirada
     da terra".

O eunuco perguntou a Filipe: "Diga-me, por favor; de quem o profeta está falando? De si próprio ou de outro?" Então Filipe, começando com aquela passagem da Escritura, anunciou-lhe as boas-novas de Jesus.

Prosseguindo pela estrada, chegaram a um lugar onde havia água. O eunuco disse: "Olhe aqui há água. Que me impede de ser batizado?" Disse Filipe: "Você pode, se crê de todo o coração". O eunuco respondeu: "Creio que Jesus Cristo é o Filho de Deus". Assim, deu ordem para parar a carruagem. Então Filipe e o eunuco desceram à água, e Filipe o batizou. Quando saíram da água, o Espírito do Senhor arrebatou Filipe repentinamente. O eunuco não o viu mais e, cheio de alegria, seguiu o seu caminho. Filipe, porém, apareceu em Azoto e, indo para Cesareia, pregava o evangelho em todas as cidades pelas quais passava.

Ora, vamos lá. O relato oferece-nos um significado totalmente novo na questão de ser arrebatado. Se o Espírito Santo agiu dessa forma na primeira geração de cristãos, você não acha possível que, mesmo em um mundo tão pecaminoso como este, ele não nos induziria a dar um simples telefonema? Ou a fazer uma visita? Ou a atravessar a cidade para levar um pouco de dinheiro a uma pessoa totalmente estranha? Preste atenção, vale a pena trocar um bolo inglês por Jesus. E, se acharmos errado endireitar alguém, tenho a sensação de que Deus pode nos forçar a fazer isso.

Se ficarmos confusas a cada oportunidade e fugirmos de cada risco, por menores que sejam, no nosso romance divino com Jesus, nivelaremos aquilo que se destinava a ser a maior emoção da nossa vida com os detritos da rotina religiosa. Quando estamos cegamente apaixonadas, às vezes cometemos tolices. Paulo explica desta maneira: "Se enlouquecemos, é por amor a Deus [...]" (2Coríntios 5.13).

Meu amigo Kevin Perry, um excelente pai de família, líder de adoração e tocador de violão, ouviu recentemente, com muita alegria, suas duas filhas brincando com bonecas. A mais velha disse à mais nova: "Ela não consegue voar... mas é capaz de andar a cavalo com sapatos de salto alto". Não sei. Talvez você odeie sapatos de salto alto. Mas espero que não odeie ser mulher porque, não se engane, a mulher é capaz de fazer coisas impressionantes. Não fique arrasada, confusa nem abatida porque não consegue voar. Aquela mulher que você vê todas as manhãs no espelho ainda é capaz de andar a cavalo com sapatos de salto alto como ninguém. Você tem aquele Noivo divino em sua vida — aquele Príncipe charmoso, real, vivo e infinitamente maior, aquele que se chama Fiel e verdadeiro — e que certamente surgirá no céu um dia montado em um cavalo branco e será vitorioso.[15] Enquanto você não vir aquele cavalo branco atravessando as nuvens no céu matutino, deve continuar a cavalgar, por mais selvagem que seja o cavalo. Calce os seus sapatos de salto alto, não desanime e vá em frente.

---

[15] Apocalipse 19.11.

Puxe as rédeas para a direita quando o Espírito Santo der essa ordem, e depois para a esquerda quando ele mudar a direção. E, quando Jesus fizer algo espetacular de vez em quando, vá em frente, jogue a cautela ao vento e grite o mais alto que puder. Você se surpreenderá ao ver que se sentirá bem melhor. Intensifique o seu louvor e veja o que vai acontecer.

Deleite-se em Jesus. Cavalgue com ele como nunca cavalgou na vida. Ele é a aventura. É a melhor parte. Nesse amor ousado e atrevido por ele, descobrimos a vida para a qual nascemos, o nosso dom e a nossa unção com total intensidade, a nossa razão de existir, satisfação na alma, total redenção, relacionamentos humanos saudáveis, inúmeras respostas às orações, palavras vivas saltando das páginas sagradas e tudo o que é de valor mais verdadeiro e puro. O coração de Cristo se alegra ao nos conceder essas gloriosas consequências. Afinal, Cristo é o Doador, não o tomador. Mas ele próprio é o prêmio. Não estou dizendo isso por respeito, maturidade, presunção ou simplesmente na teoria. Estou dizendo porque é o meu dever. Sei que ele é realmente isso tudo.

A melhor parte.

Minha amiga Chris, contou-me recentemente uma história que não consigo tirar da cabeça. Quando ela estava cursando o último ano na Universidade de Sidney, conheceu uma colega chamada Debra na aula de literatura. Debra era do tipo intimidador: rica, inteligente, socialmente talentosa, rainha das festas e rodeada de rapazes. Por mais diferentes que fossem, Chris contou, elas se tornaram amigas e costumavam almoçar juntas no *campus* antes da aula. Quando Debra não apareceu por vários dias, Chris ficou preocupada, mas, sem ter condições de contatá-la, não pôde fazer nada, a não ser esperar. Depois de três dias da ausência de Debra, Chris estava na cafeteria da universidade preparando um trabalho para a aula de inglês quando ouviu uma pequena agitação.

Ergueu a cabeça e viu Debra correndo em sua direção, quase sem fôlego de tanto entusiasmo.

Um pouco atordoada, Chris perguntou onde ela havia estado e contou que estava muito preocupada com sua ausência. Veja o que ela disse:

"Estive numa festa *rave* e foi incrível. Não dormi durante três dias. Dançamos muito e nos divertimos muito. Foi a melhor experiência da minha vida. Nunca tinha sentido tanto amor, nunca tinha sentido tanta paz, nunca tinha sentido tanta alegria, e aquela foi uma experiência espetacular que eu não queria perder, por isso guardei metade para você".

Debra enfiou a mão no bolso e colocou uma substância na palma da mão de Chris. Era Ecstasy. Ela não pegou, mas a ironia da permuta chocou Chris de tal forma que ela nunca se recuperaria, segundo suas palavras. A amiga, perdida e buscando algo freneticamente, estava mais ansiosa por compartilhar uma droga sintética que fingia proporcionar amor, paz e alegria que uma cristã como ela — completamente salva — estava ansiosa por compartilhar Jesus. Chris decidiu que aquilo nunca mais aconteceria.

Jesus, a alegria que causa êxtase aos anjos. A obsessão magnífica de mortais de olhos arregalados, libertados do inferno e da sepultura.

Quando Chris me contou aquela história, eu já estava escrevendo este livro. Penso na história todos os dias, imaginando que é isso que estou tentando fazer nestas páginas. Não sei até que ponto isto será eficaz ou o que significará para uma alma solitária. Sou meio desastrada. Mas, de uma forma ou de outra, aqui estou eu atravessando a cafeteria. Sabendo como sou, provavelmente vou tropeçar na bolsa de alguém, colidir com seis pessoas carregando bandejas cheias de comida, escorregar na gelatina, parar embaixo de uma mesa de professores do seminário e cair na posição *espacate*.

E vou pensar que deveria estar usando roupa de ginástica e polainas de lã. Provavelmente vou precisar de um minuto para me recuperar, porque não faço um *espacate* há muito tempo. Mas vou me levantar e começar a correr novamente. E serei aquela que está gritando. Como não sei o seu nome, tenha a bondade de levar em conta o coração atrás de mim gritando: "Ei, você!". Perdoe os olhares. As pessoas em locais públicos são sempre curiosas.

Aqui estou eu, agora, em pé diante da sua mesa, enfiando a mão no bolso e tentando colocar na palma da sua mão a única coisa na vida inteira que realmente deu certo para mim.

Jesus é Salvador para mim, e ele é o Senhor. Ele é Mestre, Autor e Consumador. É Libertador e Redentor. É santo, sábio, onisciente e todo-poderoso. Mas é também a maior dinamite na minha vida. E, perdoe-me por dizer isso, mas não é uma afirmação banal. Sou sanguínea até o último fio de cabelo. Diversão é importante para mim. Reconheço quando estou diante de uma dinamite.

De qualquer forma, chegamos até aqui. E esta é a melhor parte. Não precisamos dividir Jesus. Não precisamos cortá-lo ao meio. Deleite-se em cada pedacinho glorioso dele. Ele é todo seu. Tenha a audácia de aceitar tudo o que ele é. E, se você fizer isso, aposto que viverá uma aventura. E você gostaria de assistir ao seu funeral um dia e ver o oficiante pegar o programa do culto, que estampa a sua fotografia na frente, e dizer aos presentes: — Estão vendo aquela mulher ali?

— Há-há — nós responderemos.

Então, ele suspirará fundo e dirá bem alto:

— Aquela mulher tinha verve.

E, sim, terei absoluta certeza, sem nenhuma sombra de dúvida, de que ele enrolará a letra *r*.

# Bíblia Ministerial

UMA BÍBLIA ABRANGENTE PARA TODA A LIDERANÇA

A *Bíblia Ministerial NVI* foi projetada para preparar todos os líderes (pastores experientes ou iniciantes e líderes leigos) com as ferramentas práticas de que precisarão para conduzir questões ministeriais do dia a dia. Com o objetivo de fornecer a líderes atarefados pontos de vista sucintos, sábios e aplicáveis quanto às facetas mais comuns da liderança cristã, selecionamos 270 artigos escritos por pastores e líderes experientes, como Eugene H. Peterson, Richard Foster, Max Lucado, John Maxwell, Bill Hybels, Rick Warren, Dallas Willard, Nancy Beach, Nancy Ortberg, Henri Nowen, John Ortberg, John Burke, Les & Leslie Parrott, Peter Scazzero, entre outros.

Os artigos estão divididos em cinco temas principais de ministério:

- **Liderança espiritual**, ajudando você a se tornar o líder que Deus quer que você seja
- **Pregação, oração corporativa e discipulado**, promovendo em você a maturidade em Cristo para o exercício eficaz de seu ministério
- **A vida espiritual do líder**, auxiliando você no exercício de disciplinas espirituais, na manutenção do equilíbrio e da saúde emocional e no estabelecimento de sua integridade como seguidor de Cristo
- **Pastoreando em situações específicas**, ajudando você a preparar-se na condução do povo de Deus
- **Evangelismo e justiça social**, ajudando você e sua organização a encontrarem maneiras criativas para compartilhar o Evangelho com as pessoas do meio no qual vocês se encontram

Além desses artigos, você também encontra nesta Bíblia:

- Guia de recursos práticos (para situações pastorais como casamentos, batismos, aconselhamento e consolo)
- Índice dos ensaios e tópicos (para fácil localização de temas pertinentes)
- Concordância bíblica
- Mapas coloridos

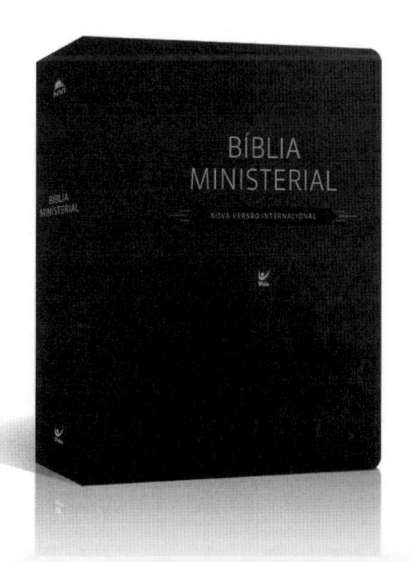

Soma-se a isso o inigualável texto da *Nova Versão Internacional*, o mais lido e o mais confiável.

ADQUIRA JÁ O SEU EXEMPLAR!

Vem aí...

# Bíblia da Nova Reforma

UMA NOVA REFORMA É POSSÍVEL

(1517-2017)

Esta é a primeira Bíblia de estudo e referência editada por um teólogo latino-americano que parte do contexto da América Latina.

Por ocasião da celebração dos 500 anos da Reforma Protestante, a Palavra de Deus nos desafia a uma vida de fé e compromisso para que haja verdadeiro avivamento e transformação em nossas nações.

A *Bíblia da Nova Reforma* oferece os melhores recursos da exegese e da exposição bíblica segundo os avanços hermenêuticos mais atuais, que, aliados à contribuição das ciências humanas e sociais (sociologia, psicologia, antropologia, etnologia, história, filosofia, teologia etc.), têm a finalidade de proporcionar uma melhor compreensão dos textos bíblicos à luz da realidade no mundo latino-americano.

AGUARDE!

Esta obra foi composta em *Adobe Garamond Pro*
e impressa por Imprensa da Fé sobre papel
*Offset* 70 g/m² para Editora Vida.